AF562772

LE

DERNIER BOURBON

PAR ÉMILE OUCHARD

PARIS

E. DENTU, LIBRAIRE-ÉDITEUR

PALAIS-ROYAL, 15, 17, 19, GALERIE D'ORLÉANS

1881

LE

DERNIER BOURBON

PAR ÉMILE OUCHARD

PARIS

E. DENTU, LIBRAIRE-ÉDITEUR

PALAIS-ROYAL, 15, 17, 19, GALERIE D'ORLÉANS

1881

LE DERNIER BOURBON

I

Credo

Henry-Louis-Charles-Ferdinand-Marie-Dieudonné est né un vendredi, signe bien certain que son premier parrain « le destinait à sauver la France, comme il avait choisi le même jour pour faire mourir son fils, destiné à sauver le monde (1). » « Voyez, s'est écriée sa mère avant que le cordon ombilical fût coupé, mon fils et moi nous ne faisons qu'un ! » Or, de tels prodiges marchent de pair avec des paraboles, et celle-ci veut clairement dire : « La France et lui ne font qu'un ! » On peut consulter là-dessus, si l'on a peu de foi, tous les prophètes de la messiade de Dieudonné et Dieudonné lui-même. « Servir la France, c'est me servir moi-même (lettre à M. de Dreux-Brézé, 8 septembre 1842). » « La maison royale de France est indissolublement unie à la nation (Manifeste 25 octobre 1852). » « Français, je ne me sépare pas de vous ! la France sait que je lui appartiens ! » (Manifeste 5 juillet 1871.) « Français, la France a besoin de la royauté ; ma naissance m'a fait votre roi ! » (Manifeste 2 juillet 1874.) » Je puis sauver la France, je le dois et je le veux (20 juillet 1879.) »

Le titre d' « Enfant de l'Europe, » qui lui fut décerné quand il

(1) *Quotidienne*, 30 septembre 1820.

était encore au berceau, fait bien voir que son génie politique était prédestiné aux alliances.

C'est le deuxième article du *Credo* légitimiste.

Il a rendu à la France « la notion du respect, » et la France retrouve en lui l'image de sa dignité et de sa fierté (2). » C'est le troisième.

Qu'un homme vienne dire :

Français, l'un de vous a égorgé mon père dans la rue, stupidement, par haine de son nom et de sa race ; ma mère, vous l'avez emprisonnée, humiliée comme princesse et comme femme; auparavant vous aviez coupé le cou, en place publique, à mon grand-oncle et à mes tantes ; vous avez maudit, exécré, proscrit toute ma famille ; obligés par les Allemands, les Cosaques et les Anglais d'en subir le retour, vous l'avez ignominieusement rechassée ; mon grand-père est mort dans l'exil ; élevé à l'étranger, je suis inconnu de la plupart d'entre vous, mais je brûle du désir de vous ouvrir les bras et de faire votre bonheur. Je n'ai aucune haine dans le cœur et seul je puis vous réconcilier tous !

Il ne faut pas prendre ce langage pour celui d'un fourbe ou d'un mauvais fils.

« Un Maure, dit la Bible, changerait-il sa peau et un léopard ses taches ? Le chien est retourné à ce qu'il avait vomi, et la truie, après avoir été lavée, s'est vautrée de nouveau à son bourbier. » Les lois physiologiques de la production et de l'évolution mentent en ce qui concerne le prince, lequel est le meilleur de sa race, « mais la nation sera conduite par le doigt de Dieu à retourner à son vomissement et à se *rembourbonner* ». C'est le quatrième article du *Credo*.

Voici le dernier : A lui seul se rapporte la notion du droit et du devoir; il n'y a pas de loi valable en dehors de celle qu'il établirait, pas d'honneur en dehors d'une fidélité canine à lui et à sa famille. Ce que nous appelons crime de lèse-patrie, il l'appelle loyauté ; ce que nous appelons vertu civique, il l'appelle trahison; où nous voyons le Progrès il signale un retour à la barbarie. Depuis cinquante ans qu'il vit hors de France il connaît l'esprit de la France mieux que personne. « Homme de son temps» surtout, il veut l'être et il en revendique le titre. Descendant d'une race illustre, il conservera dans l'histoire le reflet de sa splendeur déchue, et s'il ne parvient

(2) « Pour la première fois depuis cinquante années, la France manifeste la surprise de rencontrer un homme qui lui rend la notion du respect ; elle s'incline devant l'image retrouvée de sa dignité et de sa fierté. » (Conférence de M. le vicomte de Mayol de Luppé, 19 juin 1880, *Union*).

pas à remonter sur le trône de ses pères, il sera demeuré, dans sa dignité intacte, le modèle de ceux qui sont encore appelés à montrer comment les dynasties finissent.

II

L'école des prétendants

Chaque prétendant travaille comme il peut. Les derniers Stuarts se servaient de l'or et des armes de la France pour revenir en Angleterre. Les oncles de Dieudonné ont réclamé la réciprocité du service. Louis XVIII avait raison de dire au Régent, quand il quittait Londres :

« C'est à la persévérance, aux efforts prolongés de sa guerre contre la France que je dois, après Dieu, mon rétablissement sur le trône de mes pères. » Plus tard, nous avons connu les coups de pistolet hardis à la porte des casernes, les débarquements avec l'aigle (et le lard dans le chapeau), l'embauchage réglé des colonels, les guet-apens nocturnes et l'ingénieuse manière de sortir de la légalité pour rentrer dans le droit.

En Espagne, le roi des *boinas* s'est fait voleur de grands chemins, détrousseur de diligences, Fra-Diavolo avec du canon. Mais en voici un qui n'a ni Vendée ni Biscaye à sa disposition, avec cela peu de goût pour les aventures de cape et d'épée.

La parade lui tient lieu de revue et chez lui on défile à la parade. La première fois, il avait vingt-quatre ans : il voulut avoir son groupe, drapeau déployé, dans la Chambre censitaire de Louis-Philippe. Des juges et des députés qui avaient prêté serment à ce dernier passèrent la Manche et vinrent courber l'échine à Belgrave-Square. Le prétendant leur distribua les rôles. En même temps, il jouait au roi, envoyait des adresses à « ses bonnes villes de France », correspondait avec tous les évêques ultramontains, félicitait les magistrats atteints et convaincus de forfaiture, envoyait de l'argent pour travailler à la réélection des députés flétris. « Les hommes qui gouvernent la France, écrivait » le prince (à M. Hyde de Neuville, 4 février 1844), cherchent à » faire croire qu'animé de sentiments personnels ou d'une ambi» tion vulgaire, je veux porter le trouble et la discorde dans » notre pays ; il faut démentir ces calomnies. » Tout en criant à la calomnie, on n'en travaillait pas moins d'arrache-pied à amener la révolution de Février. On réclamait « la réforme de » ces lois injustes qui privent le plus grand nombre des contri» buables de la participation légitime qui leur appartient dans

» le vote de l'impôt. » (Lettre à M. de Saint-Priest, janvier 1848.)

Vienne la seconde République : on s'empresse de retourner sa casaque et de commander la mutilation du suffrage universel. Mais il fallait d'abord faire surgir les journées de Juin, et l'on y travailla largement (1).

La principale cour plénière tenue ensuite par le prétendant fut celle de Wiesbaden (août 1850). Rien ne pouvait favoriser davantage les desseins du président, qui visait à étouffer la République. Il en profita pour faire des tournées préparatoires, et dans celles-ci, comme à Wiesbaden, c'était le même langage. Il s'agissait de s'unir pour « sauver son pays du socialisme ». Il « fallait refaire la grande et sainte unité de l'autorité et de la liberté. On ne s'unit pas pour sauver une couronne, on s'unit pour sauver son pays (*Union,* 25 août 1850). »

Un peu plus tard, Berryer disait à la tribune : « Ne parlez pas de trames secrètes ; il n'y a pas de tentative de restauration subreptice. Croyez-vous donc que celui qui n'a connu que les dou-

(1) Lors du procès de M. le comte de Fouchécourt, le témoin Guérin déclara qu'au mois de mars, il avait vu sur la place de la Bastille M. de Fouchécourt embauchant des ouvriers à quarante sous par jour, pour le compte de la légitimité.

« Dans le quartier de la place Vendôme habitait un noble personnage dont la demeure était le point de ralliement des émissaires du parti royaliste. Pendant les journées qui précédèrent l'insurrection, il s'y fit un mouvement inusité de gardes mobiles, d'ouvriers vrais ou faux, d'individus portant ou emportant de l'argent ; et, quand l'orage éclata, l'audacieux agent n'eut que le temps de prendre la fuite. L'autorité prévenue, ne fit aucune recherche.

» Durant l'insurrection, quelques positions furent occupées par des légitimistes. Au Marais, on les trouve dans la rue Saint-Louis, la rue d'Angoulême et les rues adjacentes. M. de Fouchécourt y fut pris. Voici la déposition du témoin Isambert, lieutenant d'artillerie : « M. de Fouchécourt a répondu, quand on l'a interrogé, qu'il avait commandé aux barricades et qu'il se battait pour la république démocratique et sociale. Pendant ce temps, M. Bérard, représentant du peuple, interrogeait de son côté M. de Fouchécourt fils qui disait, lui, qu'il se battait pour la même cause que son père ; que c'était en apparence pour la république rouge, mais qu'en réalité c'était pour la légitimité. » M. de Fouchécourt, malgré les efforts des hommes influents de son parti, fut condamné à vingt ans de travaux forcés.

» Dans le quartier Saint-Jacques, près de Saint-Sévérin, des légitimistes avaient établi une sorte d'état-major d'où partaient leurs opérations. Ils distribuaient des médailles à l'effigie d'Henri V, et on en a, depuis, retrouvé plusieurs milliers dans une maison de la rue Saint Jean-de-Beauvais. Cette même église Saint-Sévérin figura au procès de la légion de Saint-Hubert ; les pieuses confréries, organisées si soigneusement autour de chaque paroisse, dans les quartiers populeux, n'étant, en réalité, que des bureaux de recrutement où l'on embrigade la mendicité. » (L. Blanc, *Révolution de* 1848, tome II, ch. XXIII).

leurs des demeures royales soit impatient d'y rentrer au risque d'appeler sur le pays des malheurs et des désastres qui le feraient maudire ? »

Devant la France en République, Dieudonné et Louis-Napoléon tenaient, dès le commencement, un langage vraiment fécond en rapprochements ineffables.

LE COMTE DE CHAMBORD

Je n'ai jamais souffert, je ne souffrirai jamais que *mon nom* soit prononcé lorsqu'il ne pourrait être *qu'une cause de division et de troubles.*

..... Ce qu'il y a de vrai, c'est mon amour pour la France, la disposition où je suis de me dévouer tout entier, de *me sacrifier* à elle, si la Providence me juge digne de cettte noble et sainte mission.

Mon nom est un gage de sécurité et de salut, c'est la garantie véritable des droits et de la liberté de tous.

(Lettre-manifeste du 1er juin 1848, dénoncée et lue à la tribune de l'Assemblée constituante.)

Exempt de toute vue personnelle, je n'ai d'autre pensée que de remplir les devoirs sacrés que m'impose ma naissance, de *contribuer à délivrer mon pays des maux présents et des craintes de l'avenir,* de voir la France entière pacifiée par *la réconciliation de tous ses enfants,* donner au monde le spectacle d'une concorde universelle, sincère, inaltérable, qui lui promette encore de longs siècles de *gloire et de prospérité.*

(Au duc de Noailles, 1848.)

Le mal vient des atteintes portées depuis plus d'un demi-siècle aux grands principes sur lesquels repose tout l'ordre social et politique, et le remède, c'est le retour à ces principes sacrés. Tout ce qui pourrait encore être essayé hors de là n'aboutirait qu'à des révolutions nouvelles et au triomphe plus ou moins prochain des *fatales doctrines dont le but est le bouleversement et l'entière destruction de la société.*

(Au duc de Valmy, 16 mai 1850.)

Donner à ces principes toutes les garanties qui leur sont nécessaires par

LOUIS-NAPOLÉON BONAPARTE

Ce serait avec la plus vive douleur *que je verrais mon nom servir à augmenter les troubles* et les déchirements de la patrie. Pour éviter un tel malheur je resterais plutôt en exil. Je suis prêt à *tout sacrifier* pour le bonheur de la France.

Mon nom est un symbole d'ordre, de nationalité et de gloire.

(Lettre au président de l'Assemblée constituante, 15 juin 1848.)

Je désire l'ordre et le maintien d'une république sage, grande, intelligente.

Bientôt, je l'espère, le calme renaîtra et me permettra de retourner en France comme le *plus simple des citoyens,* mais aussi comme un des plus dévoués au repos et à la prospérité de mon pays.

(Lettre de démission, 16 juin.)

APPEL AU PEUPLE (2 décembre 1851.)

Donnez-moi le moyen d'accomplir la grande mission que je tiens de vous. Cette mission consiste à fermer l'ère des révolutions en satisfaisant les besoins légitimes du peuple et en le protégeant contre les *passions subversives.* Elle consiste surtout à créer des institutions qui survivent aux hommes et qui soient enfin des fondations sur lesquelles on puisse asseoir quelque chose de durable.

Persuadé que l'instabilité du pouvoir, que la prépondérance d'une

des institutions conformes aux vœux de la nation, et fonder, d'accord avec elle, un gouvernement régulier et *stable*, en le plaçant sur la base de l'hérédité monarchique et sous la garde des libertés publiques, tel serait l'unique but de mon ambition.

(A Berryer, 23 janvier 1851.)

seule assemblée sont des causes permanentes de troubles et de désordre, je soumets à vos suffrages les bases d'une constitution...

1° Un chef responsable.....

(Proclamation du 14 janvier 1852.)

Je suis le pilote nécessaire, le seul capable de conduire le navire au port, parce que j'ai *mission* et autorité pour cela.

(A M. Chesnelong, 27 oct. 1873.

Si vous avez confiance en moi, donnez-moi les moyens d'accomplir la grande *mission* que je tiens de vous.

(Appel au peuple.)

Si je repousse la formule d'importation étrangère que répudient toutes nos traditions nationales avec *son roi qui règne et ne gouverne pas*, là encore je me sens en communauté parfaite avec les désirs de l'immense majorité, qui ne comprend rien à ces *fictions*, qui est fatiguée de ces mensonges.

(Manifeste, 2 juillet 1874.)

Ecrire en tête d'une Charte que ce chef est irresponsable, c'est mentir au sentiment public, c'est vouloir établir une *fiction* qui s'est trois fois évanouie au bruit des révolutions.

La Constitution actuelle proclame, au contraire, que le chef que vous avez élu est responsable devant vous.

(Proclamation du 14 janvier 1852.)

J'appelle *tous* les dévouements, *tous* les esprits éclairés, toutes les âmes généreuses, *tous les cœurs droits*, dans quelques rangs qu'ils se trouvent et sous quelque drapeau qu'ils aient combattu jusqu'ici, à me prêter l'appui de leurs lumières, de leur bonne volonté, de *leurs nobles et unanimes efforts* pour *sauver* le pays, *assurer* son *avenir* et lui préparer, après tant d'épreuves, de vicissitudes et de malheurs, de nouveaux jours de *gloire et de prospérité*.

(Au duc de Noailles, 22 déc. 1850.)

Nous ne devons plus avoir qu'un but, rallier autour de la Constitution *les honnêtes gens de tous les partis*, assurer la sécurité, amener l'apaisement des passions, préserver les intérêts sociaux de la contagion des fausses doctrines, rechercher avec l'aide de toutes les intelligences les moyens d'augmenter la grandeur et la prospérité de la France.

(Réponse de l'empereur au Corps législatif. Saint-Cloud, 20 mai 1871.)

Mon devoir est de conserver loyalement à mon pays et de *transmettre* intact à mes successeurs le principe de l'hérédité royale et traditionnelle, *seule base de la monarchie* vraie, forte et tempérée.

(Au duc de Lévis, 23 juin 1853.)

Donnez-moi une nouvelle preuve de confiance en apportant au scrutin un vote affirmatif; vous conjurerez les menaces de la Révolution. Vous assoierez sur une *base solide* la liberté et vous rendrez plus facile dans l'avenir la *transmission* de la couronne à mon fils.

(Manifeste du 23 avril 1870, pour le plébiscite.)

De ces deux concurrents dans l'entreprise de sauvetage, lequel a été le plus audacieux ? Nous sommes payés pour le savoir. Mais lequel a été le plus hypocrite ? quand on s'imite si bien l'un l'autre qu'il est difficile de distinguer lequel est le plagiaire, c'est qu'on a un modèle commun. L'histoire offre dans sa riche galerie de prétendants le type voulu, catégorie des « modestes auxquels l'opinion fait violence ». Une des obligations fondamentales de l'emploi, c'est de professer un respect absolu de l'opinion publique, en affirmant qu'elle s'est tout entière déclarée pour soi-même. Et il ne faudrait pas s'imaginer que cet hommage rendu à l'opinion publique soit d'invention moderne. Ceux qui ont tenu les grands rôles de cette espèce dans l'antiquité n'y manquaient pas. Exemple : l'empereur Niger, dans sa proclamation à l'armée : « Ma modération, j'ose le croire, vous » est connue; vous savez que je ne me jette point légèrement » dans des entreprises périlleuses et hasardeuses. Ce ne sont pas » des vues particulières d'ambition qui me décident..., c'est le » mouvement général des esprits. Les Romains m'appellent... » Non, je ne cède pas à de légères et trompeuses espérances... » C'est l'empire lui-même, flottant sans pilote (*gubernator*) et » sans appui qui me réclame (1). » Ainsi le caractère du « *pilote par* » *nécessité* » se trouve dans la vieille comédie césarienne. Quoique un peu familiarisé avec l'antiquité, Louis XVIII a préféré prendre ses modèles en Angleterre. Tel de ses manifestes rappelle absolument ceux de Jacques III, en 1692. L'embauchage sous le nom « d'appel à la fidélité des soldats », « les promesses de pardon à ceux qui rentreront dans le devoir », les mots de « père voulant le bonheur de son peuple », remontent déjà à cette époque (2).

« Je n'abdiquerai jamais ! » se trouve déjà sous la plume du triste fanfaron jacobite. Mais il ajoutait : « Mes descendants non plus ! Plutôt exposer le royaume à tous les maux des guerres civiles. » Il n'y a que cet appendice de démodé. et pour cause. Dieudonné s'est servi du reste.

De nos jours, la maison Baragnon et Ce a tenu au plus juste prix (3) les « manifestes pour prétendant » les mieux confectionnés. Des effets de pathétique bien réussis, comme « les enfants éplorés appellent leur père à grands cris », et des peintures de gâchis fortement relevées à la brosse suffiraient pour recommander ces fournitures. Aussi voyons-nous que le comité royaliste La Rochefoucauld a donné la préférence à cette maison et que le comité jéromiste fusionniste ne s'y est pas moins approvisionné.

(1) Hérodien (*Hist. rom.*, l. II, § XXIX).
(2) Hume (*Hist. d'Angleterre*, VII, éd. Furne, p. 118).
(3) Nous entendons par « juste prix », cela va sans dire, le fauteuil de sénateur inamovible.

III

A sauveur, sauveur et demi.

On sait le mot de M. de Falloux à M. de Persigny, après le 2 décembre : « Vous avez bien fait ! » — Il y allait carrément.

On s'est récrié. L'horloge de Frohsdorff. a-t-on dit, ne marquera que « l'heure de Dieu » et jamais celle des emprisonnements nocturnes à Mazas. Dieudonné partisan des coups d'État ! fi donc ! mais personne ne les a flétris plus énergiquement que lui ! N'a-t-il pas félicité Montalembert, condamné à la prison pour d'éloquentes diatribes contre le sauveur auquel il avait d'abord tenu l'échelle? Et les *Muses d'État* qui coûtèrent à M. de Laprade sa chaire au Collége de France ! Quelles gaillardes ! et comme elles n'y allaient pas de main morte !

..... Que le diable, enfin, vienne d'un coup de banque
Renverser la baraque avec le saltimbanque !

On sait cependant qu'à ces effrontées Dieudonné accorda son accolade la plus chaleureuse. Se piquant d'être lui-même tant soit peu Juvénal à ses heures, n'a-t-il pas lancé contre le César heureux un libelle dont la saisie fut œuvre de vandalisme?

Une seule chose lui déplut dans les *Propos de Labienus*. Il les avait savourés jusqu'au moment où Cynopisthe, qui lui en faisait la lecture, arriva à ce passage :

« C'était un Romain de la vieille roche que rien ne pouvait » entamer. Seul debout, comme Coclès, entre une armée et un » précipice, il défiait l'une et l'autre ; il défiait Auguste et sou- » riait à la mort. Dans tout cela, il y avait du bon, si vous » voulez ; mais, à côté, quel caractère détestable et quel esprit » mal fait ! Octave avait eu beau frapper une superbe médaille » avec les trois mots entrelacés des triumvirs et cette sublime » légende : *le salut du genre humain* ! cela encore lui déplaisait ; il » prétendait qu'on l'avait *sauvé* malgré lui, et il citait le vers » d'Horace :

» Quand d'être ainsi sauvé je n'ai pas le dessein,
» Au diable le sauveur qui n'est qu'un assassin ! »

Cynopisthe s'arrêta, car l'exclamation de joie était devenue bruyante. Pygargès se tordait de rire. Loimodule se pâmait. Pygomactron reniflait dans un coin pour se donner de l'air. Colaxès aurait voulu trépigner, mais il consulta d'abord le visage de Loxobate, devenu livide. Alors tous comprirent, dit la chronique autrichienne, qu'il avaient été étourdis.

Sauveur contre sauveur ! L'indignation n'est que jalousie de métier. Plus tard, Dieudonné écrivait mélancoliquement : « On dit » que je prétends me faire décerner un pouvoir sans limites. » Plût à Dieu qu'on n'eût pas accordé si légèrement ce pouvoir » à ceux qui, dans les jours d'orage, se sont présentés sous » le nom de *sauveurs*. Nous n'aurions pas la douleur de gémir » aujourd'hui sur les maux de la patrie. (Lettre à M., mai 1871.) Le moment était proche où Dieudonné allait poser sa candidature comme *Sauveur avec pouvoir absolu*. Quant à sa vertueuse indignation contre les coups d'État, 1877 nous montrera ce qu'en vaut l'aune.

IV

L'école des Bazaine.

Ou, si vous préférez, l'école de ceux des Saint-Cyriens qui fêtent la Saint-Henri et auxquels Dieudonné, tous les ans, fait dire : « Je compte sur vous ! »

Le plus grand opprobre qui ait jamais souillé une nation, ce fut la Restauration. Son infection dure encore.

Quand les amis de Pitt et Cobourg, chouans, émigrés, complices de Cadoudal, furent rentrés en France, « comme les Grecs dans le cheval de Troie », — disait Mme de Staël, — se ruant au pouvoir, à la curée, à la vengeance, à la persécution, à l'étouffement des lumières, ils visèrent au cœur le patriotisme et lui portèrent de ces coups dont il n'était pas encore bien remis en 1870.

La Convention, ayant à sauvegarder l'intégrité et l'indépendance de la France, avait partout relevé le culte de la patrie. La Restauration vint bafouer ses enseignements sublimes. Celle-là prescrivait le dévouement à la nation, celle-ci la fidélité à une famille. L'une ennoblissait des hommes libres, l'autre anoblit des traîtres. La première a conservé intact le dépôt des ordonnances de nos plus grands rois sur les devoirs des militaires. La seconde en fit litière.

Le seul général qui, pendant les guerres de la République et de l'Empire, ait capitulé en rase campagne avec 20.000 hommes, elle le fit sortir de prison et le mit au ministère de la guerre. Le bâton de maréchal à Bourmont, déserteur sur le champ de bataille, la poche remplie de documents utiles à l'ennemi ! La dégradation en place publique au vieux général Bonnaire, coupable de n'avoir pas rendu la place de Condé aux Anglais dès la première nouvelle de Waterloo ! Encore ce fut clémence pour le brave à cheveux blancs, que l'on fit mettre à genoux pour lui arracher ses croix (1) ; Mietton, son aide-de-camp, avait été fusillé. La croix et une pension à Martainville, qui, ayant reçu l'ordre de détruire le pont du Pecq, l'avait livré à une colonne prussienne!

C'est une règle chez tous les peuples civilisés que l'on ne considère pas comme coupables ceux qui ne font qu'obéir à la loi et au commandement de l'autorité légitime. C'est en se livrant à une misérable équivoque sur le mot *légitime* que la Restauration, pendant ses deux premières années, viola Charte, Code militaire et Code pénal. Elle s'appliqua à inculquer aux officiers que les préoccupations dynastiques doivent l'emporter chez eux sur le sentiment de l'honneur et du devoir; elle exigea l'esprit de courtisanerie poussé jusqu'à la trahison. Patriote devint synonyme d'infâme. Un jour, M. de Castel-Bajac, averti par les rumeurs autour de lui, dut s'excuser en pleine Chambre d'avoir employé le mot patrie (2). « J'entends par *patrie,* reprit-il, le » sol du pays avec le gouvernement légitime; le roi et la France » sont inséparables à mes yeux pour constituer la patrie. » Ce n'était pas encore absolument correct. Aux yeux des purs, la patrie avait été, pendant vingt-cinq ans, attachée aux semelles des Bourbons dans tous les coins de l'Europe et avec les bagages des armées ennemies. Il ne s'agit pas ici de revenir sur les assassinats juridiques et autres, d'évoquer les ombres de Ney et de Brune, de l'intéressant La Bédoyère et de Mouton-Duvernet, dont le supplice enchanta tellement les freluquets de la cour qu'ils allèrent manger du cœur de mouton dans un restaurant voisin.

Tempora sævitiæ claras quibus abstulit Urbi
Illustresque animas impunè et vindice nullo.

Que devient le motif du serment prêté à Louis XVIII, avant les Cent-Jours, dans le cas du général Radet, inspecteur général de la gendarmerie, condamné à neuf ans de détention pour avoir accepté de Napoléon, en 1810, la mission d'enlever le Pape à Rome ? Dans le cas du général Gilly, condamné à mort pour avoir veillé à l'embarquement, à Cette, du duc d'Angoulême, menacé de mort ? Dans le cas du colonel Boyer-Peyreleau, condamné à trois ans de détention pour avoir arboré, à la Guadeloupe, le drapeau tricolore, quand l'ordre lui en vint de Paris

(1) Place Vendôme, 29 juin 1816.
(2) Séance du 15 décembre 1815.

au retour de l'île d'Elbe? Dans le cas du général Gruyer, commandant le département de la Haute-Saône, condamné à vingt ans de réclusion pour n'avoir pas fait déchirer l'*Acte additionnel?*

La doctrine de la Restauration fut qu'il n'y avait point eu et qu'il n'y aurait jamais de serment valable en dehors de celui prêté à elle-même; que les officiers devaient être juges de la validité d'un gouvernement et se prononcer contre les *usurpations*. Elle travailla à déraciner dans les âmes l'idée de patrie. simple et absolue, pour lui substituer l'idée de parti dynastique.

La nuit se fit dans la conscience du soldat. L'ombre néfaste projetée par cette confusion a été lente à se dissiper. Nous avons vu de nos officiers appeler hautement de leurs vœux « leur prince », insulter au drapeau de la nation, saluer celui d'un homme. Mais les maîtres passent et la nation reste. Il n'y a donc que le serment de fidélité à la nation, c'est-à-dire à la République, qui soit moral, viril et préservatif de ces anarchies par lesquelles finissent les Polognes.

Que le drapeau blanc fleurdelisé signifie haute trahison, insigne lâcheté, vénalité de la justice, vile soumission à l'étranger, proscription de l'honneur et du devoir, voilà ce que suffirait à démontrer le seul exemple de la condamnation du général Travot. Ce digne émule de Hoche dans la pacification de la Vendée n'avait point été compris dans les proscriptions de 1815. On s'était contenté de le mettre à la retraite et de l'exclure de la Chambre des pairs. Il vivait tranquille, à Rennes, quand le conseil militaire siégeant en cette ville reçut l'ordre, le 12 juin 1816, de commencer une procédure contre lui. Cette date est celle de la promulgation de la loi, accordant amnistie à tous ceux contre lesquels il n'y avait pas de procédure entamée; mais cet ordre même fut considéré comme un commencement légal de poursuites et cette interprétation fut envoyée par le télégraphe. C'est en combattant contre Travot que le marquis Louis de La Rochejaquelein avait été tué, et cette perte avait été amèrement reprochée à Wellington lui-même, à cause de l'attente vaine des « quatorze mille fusils anglais. » Le généreux vainqueur insinua qu'on pouvait faire le procès à ce « rebelle », comme à tant d'autres. Les limiers s'étaient lancés. Le premier défenseur que Travot se choisit, ayant eu l'audace de demander copie de l'écrou du prisonnier, fut exilé dans les vingt-quatre heures à Bordeaux. A l'honneur du barreau de Rennes, il se présenta immédiatemant trois autres avocats. A leur défense adhérèrent treize collègues ou professeurs de droit, entre autres le célèbre Toullier. Travot déclarait récuser le général Canuel, qui présidait le conseil, comme étant son ennemi personnel et ayant combattu contre lui. Le général Canuel ayant répondu « qu'en son âme et conscience il ne se connaissait aucun motif de déport », le conseil passa outre.

Le moyen préjudiciel tiré de l'amnistie proclamée fut résolu négativement. Au cours des débats, un Vendéen qui avait tiré sur Travot ayant manifesté sa gratitude pour ce général, qui avait empêché son escorte de l'écharper et ne l'avait pas même retenu prisonnier, et plusieurs autres traits de générosité ayant été rapportés, le commissaire du roi (capitaine Toufflet), en prit note pour charger l'accusé. « La modération, — dit-il, — ne fut point une des armes les moins redoutables entre ses mains ; la clémence elle-même fut un de ses moyens de succès. »

Le 20 mars 1816, le général Travot fut condamné à la peine capitale comme coupable : 1° d'avoir comprimé par la force des armes l'élan des fidèles sujets du roi dans la Vendée ; 2° d'avoir fait appel aux jeunes gens fils d'acquéreurs des domaines nationaux et de les avoir organisés en bataillons de chasseurs de la Vendée, selon l'autorisation du ministre prince d'Eckmühl du 19 avril 1815 ; 3° d'avoir employé la force contre les armées royales dans la Vendée, pour détruire et changer le gouvernement *légitime* et l'ordre de successibilité au trône.

Rennes, ville si royaliste à cette époque, s'émut de l'arrêt de mort comme elle s'était émue de la passion déployée, en cette affaire, par le général Canuel. Le conseil de révision (1) confirma la sentence de mort trois jours après. M. Coatpont, principal défenseur de l'accusé, fut arrêté en pleine audience et subit trois mois de prison. La clémence de Louis XVIII daigna commuer la peine de mort prononcée contre le général Travot en vingt ans de détention. Enfermé à Ham, le héros perdit la raison au bout de deux ans. Il y a de ces iniquités qui l'enlèvent. Cette fois, le sang n'avait pas rejailli sur ce que Dieudonné a osé appeler « son drapeau sans tache ». Non, ce n'était qu'une vaste éclaboussure de fange !

Dieudonné a été fatalement condamné, par sa naissance et son éducation, au malheur de ne pouvoir accorder dans son cœur l'amour et le respect de ses auteurs avec le sentiment du vrai patriotisme. Sa piété filiale lui commande d'honorer la mémoire de traîtres à la nation ; l'idée de Patrie s'en trouve tronquée chez

(1) Composé de MM. le marquis de Boessière, vicomte de Peccaduc, capitaines de Lavaucoupet et de Cheffontaines et du chef d'état-major Mattat, l'ordonnateur Lucot d'Hauterive étant commissaire du roi.

lui. Quoi qu'il fasse, quoi qu'il proteste, sous ce rapport, il boitera toujours moralement.

Son père, Ferdinand-Charles d'Artois, duc de Berri, emmené tout jeune dans l'émigration, ayant eu pour gouverneur un parfait imbécile, le duc de Sérent, étalait naïvement sa haine contre les Français. Ses premières ardeurs furent pour voir couler leur sang. A treize ans, il écrivait de Turin au camp de Condé (15 août 1791). « Je voudrais bien voir ces bons soldats et me battre avec eux. Je leur dirais comme notre Henry : « Camarades, si dans la chaleur du combat vous perdez votre drapeau, ralliez-vous à mon panache blanc ! » C'est ce que Châteaubriand a appelé le « premier cri de l'honneur ! » Il fit ses premières armes au siége de Thionville, sous les ordres du maréchal de Broglie, et là il réclamait la faveur de marcher « dans les rangs des Bretons pour voir de plus près l'ennemi. » A seize ans, il écrit de Rastadt (10 août 1794) au jeune vicomte César de Chastellux: «Je » suis charmé du désir que vous me montrez d'imiter votre prédé» cesseur et d'entrer dans les Gaules : vous y trouverez des Vercin» gétorix et des Dumnorix. » C'est donc contre ces barbares de Gaulois qu'il se battit lui-même à Steinstadt, à la tête du pont de Huninguen, à Kamlach, à Munich, à Schussen-Ried, au siége de Kehl. Plus tard, il voulut être avec les Russes dans une piteuse tentative de débarquement en Provence. A Londres, où il épousa miss Brown, il participa à tous les projets d'attaque contre la France. Rentré en 1814, son premier acte, à Cherbourg, est de faire relâcher les conscrits réfractaires, le second de livrer les prisonniers Anglais sans échange, le troisième d'insulter la Patrie dans sa proclamation de Caen.

Si du père du prétendant on remonte à son grand-père, l'homme de Pilnitz, l'associé de Pitt dans la contre-façon des assignats, le complice des assassins du premier consul, le lâche instigateur des reprises d'armes de la Vendée, on a sous la main, à présenter aux générations futures, le type accompli d'un scélérat faux bonhomme que la fortune a couronné et auquel la France ne devait que l'ignominie du supplice.

Si le prétendant a fait tout haut et souvent ses vœux pour les succès de nos armes, il n'en est pas moins certain que les prouesses les plus chères à son cœur sont celles dont les récits ont bercé son enfance. Embuscades des chouans dans les taillis, surprises des bourgs, pillage des archives, égorgement des magistrats de la République, incendies de villages, massacres de prisonniers, massacres de blessés, massacres d'otages, harcèlement des *bleus* la nuit, le jour, au signal du tocsin, la concentration et l'éparpillement subits, le guet des vaisseaux de l'Angleterre attendus avec des munitions, plus souvent les grandes espérances trompées, et puis les batailles forcées et les grandes déroutes dans lesquelles « le Bocage est jonché de martyrs. »

Naturellement, le comte de Chambord a été élevé dans cette opinion qu'il ne faut voir dans les volontaires de 92, dans les héros de la campagne de 93-94, qu'un ramassis d'insurgés. Nous n'inventons pas ; mais sa volumineuse correspondance démontre que ses admirations, ses plus chaleureux élans du cœur ont toujours été pour cette *armée de la foi* dont Châteaubriand a retracé la pittoresque image : « Les Vendéens eurent pour premières armes quelques méchants fusils de chasse, des bâtons durcis au feu. Paysans en sabots, vêtus d'une casaque brune ou bleue, rattachée par une ceinture de mouchoirs. Leur tête était recouverte d'un bonnet ou d'un chapeau rond à grands bords. Ces bonnets et ces chapeaux étaient ornés de chapelets, de plumets blancs ou de cocardes de papier blanc. Lorsque les Vendéens, avaient un sabre, ils l'attachaient à leur côté avec une ficelle; ils suspendaient pareillement leur fusil à leurs épaules, comme des chasseurs; presque tous portaient une image de la Croix ou du Sacré-Cœur attachée sur leur poitrine. Ils remplaçaient leurs chétifs vêtements pourris par les balles avec tout ce que le hasard offrait à leur héroïque misère: on a vu un de leurs officiers se battre entortillé dans une robe de juge, un autre s'élancer et mourir au milieu du feu n'ayant pour couvrir sa nudité, qu'un morceau de serge (1). »

C'est l'œil fixé sur ces..... images que la mère de Dieudonné est morte; le fils les vénère; c'est dans ces armées qu'il a marqué sa place, c'est là qu'il se figure avoir été armé chevalier. « Faites mes remercîments à Mme de La Rochejaquelein, écrit-il dans sa « jeunesse, pour le charmant heaume de chevalier, ce souvenir « des temps de gloire et d'héroïsme, qu'elle a bien voulu m'en- « voyer. Autrefois, le chevalier Bayard arma François Ier sur le « champ de bataille. Que j'aimerais à me trouver en pareille cir- « constance et recevoir aussi de vous l'accolade ! Et qui serait « plus digne de me la donner que celui qui porte si noblement « le noble nom de La Rochejaquelein (2). » Voilà comment le

(1) Au général de La Rochejaquelein, 6 juillet 1844.

(2). Le plus grand du nom est tombé sous les balles françaises; un second qui mordait au talon Napoléon, faisant face à Blucher, en 1815, a eu le même sort; un troisième, condamné à mort comme insurgé en 1833, a été amnistié, comme de raison. Sans compter les femmes : la veuve de Bonchamp, dite « l'illustre brigande », et la femme d'Auguste »; celle que la

jésuite Tharin avait défiguré aux yeux de son élève le caractère du preux qui disait, en mourant, au connétable félon : « Monsieur, il n'y a point de pitié en moi, car je meurs en homme « de bien, mais j'ai pitié de vous, de vous voir servir contre « votre patrie ! »

Mais le prince n'avait que vingt-quatre ans et il ne faut pas oublier qu'il a plusieurs fois répété, depuis lors, « qu'étranger et « inaccessible à toutes les passions qui perpétuent les funestes « discordes, il regarderait comme le plus beau jour de sa vie « celui où il verrait tous les Français rapprochés par les liens « d'une fraternité véritable et la famille royale réunie à son « chef dans les mêmes sentiments de respect pour tous les droits, « de fidélité à tous les devoirs, d'amour et de dévouement pour « la patrie (1). » Dieudonné s'est toujours figuré la patrie comme Castelbajac.

La vérité est que Dieudonné n'a jamais perdu une occasion de glorifier hautement toutes les insurrections de la Vendée et de les appeler de ses vœux. L'exploitation du cadavre de l'ancien insurgé vendéen est devenue, même de nos jours, un de ses moyens de propagande... les plus nauséabonds.

Exemples : lettre de M. de Monti à Mme de Roux (2) : « Monseigneur compte sur un dévouement dont MM. vos fils « ont déjà donné tant de preuves. Il les félicite et les remercie « de tenir haut et ferme le drapeau qui a été si noblement porté « par M. votre frère et dans les plis duquel il est glorieusement « tombé (2). »

Il s'agit d'un insurgé de 1832 qui a promené le drapeau blanc dans la Vendée.

Lettre à M. Armand de Baudry d'Asson, député de la Vendée. Goritz, 14 janvier 1879.

.... « La vie entière de celui que vous pleurez s'est écoulée dans ce noble pays où son nom figurait avec éclat depuis l'époque de ces guerres glorieuses soutenues par un peuple dont l'héroïsme est devenu légendaire, parce qu'il croyait en Dieu, au droit et au serment. » Ces lettres et bien d'autres ont reçu la plus large publicité. Si celle à Mme de Roux ne figure pas dans les éditions de la *Correspondance du comte de Chambord*, c'est qu'à la date où il l'écrivait, Dieudonné se voyait à la veille d'être couronné, répétait mieux que jamais qu'il voulait effacer

cour d'Orléans absolvait, en 1836, du péché de fanatisation par la duchesse de Berri.

(1) Lettre au duc de Noailles, 5 octobre 1848.

(2) Frohsdorff, 28 septembre 1873 (dans l'*Union*).

les souvenirs de toutes nos discordes et voulait restreindre autant que possible les preuves de sa duplicité dans le moment (1).

Dieudonné s'est pareillement et toujours vanté de n'avoir jamais profité de la liberté laissée, depuis l'Empire, à la propagation de tous ses écrits en France, pour essayer de détourner nos officiers et nos soldats de leur devoir. Cependant il l'a fait, et *quand ils étaient en face de l'ennemi*. Sous ce rapport, s'il a imité le style du dernier empereur, il n'a pas été jusqu'à imiter le procédé. Tandis que l'un, à visage découvert, se montrait sur le front des troupes et disait : « Suivez-moi ! tuons la Loi ! » les émissaires de l'autre distribuaient clandestinement des appels à la défection. La hyène n'est pas le plus crâne des fauves. Ici encore le rapprochement des proclamations de chaque prétendant est instructif :

PROCLAMATION DE L. NAPOLÉON A L'ARMÉE	PROCLAMATION D'HENRI DE FRANCE AUX GARDES MOBILES BRETONS
Paris, 2 décembre 1851.	Berne, 7 décembre, 1870.
Soldats, Soyez fiers de votre mission. Vous sauverez la patrie, car je compte sur vous non pour violer les lois, mais pour faire respecter la première loi du pays, la souveraineté nationale, dont je suis le *légitime* représentant.	Gardes mobiles bretons, Vous êtes bien toujours les nobles enfants de cette grande et sainte province qui, par deux fois, a résisté à des révolutions régicides... vous tenez en vos mains prédestinées le sort du pays qui est le mien. Vos actions, vos décisions auront force de loi. Voyez et jugez ! Le *vainqueur ne traitera honorablement qu'avec un chef légitime.*
Je fais un loyal appel au peuple et à l'armée et je leur dis : Ou donnez-moi les moyens d'assurer votre prospérité ou choisissez un autre à ma place.	Je ne m'impose pas à votre volonté, mais votre coucours peut seul arriver aujourd'hui à un succès très-relatif, mais cependant bien enviable.
Nous sommes unis par des liens indissolubles. Votre histoire est la mienne. Il y a entre nous, dans le passé, communauté de gloire et de malheur.	Vos pères n'ont pas encore oublié le courage de ma sainte mère errante, en 1832, à travers leurs villages hospitaliers. Cette héroïne m'a souvent parlé de leur dévouement et j'y crois toujours.

(1) Les éditeurs génevois de la *Correspondance*, Grosset et Trembley (Genève, 1880), ont affirmé eux-mêmes à l'auteur de cette brochure que M. de Chambord avait soigneusement fait disparaître de leur édition beaucoup de lettres qui y figuraient précédemment.

En même temps, c'est lui-même qui leur envoyait l'avant-propos ainsi conçu :

« Appelé par sa position à donner son avis sur tout ce qui, de près ou de » loin, touche à la France, ne cherchant jamais à éviter la responsabilité » des jugements qu'il porte, dédaignant le commode refuge qu'assure le » silence, Monsieur le comte de Chambord *n'a pas une parole à rétracter,* » *pas une ligne à désavouer. Tout ce qu'il a dit, il peut le répéter* ; tout ce » qu'il a *écrit, il peut le signer de nouveau.* »

PROCLAMATION DE LOUIS-NAPOLÉON-BONAPARTE

Restez inébranlables dans les règles de la discipline et de l'honneur. *Aidez,* par votre attitude imposante, le pays à manifester sa volonté dans le calme et la réflexion.

Soyez prêts à réprimer toute tentative contre le libre exercice de la souveraineté du peuple.

LOUIS-NAPOLÉON-BONAPARTE.

PROCLAMATION D'HENRY DE FRANCE

Gardes mobiles bretons, héros du moment, votre destinée est belle! Vous dire que je m'emploierai tout entier à la rendre heureuse serait mettre un prix à la vertu ; mais, de même que vous avez su sauver votre illustre général dans la nuit du 31 octobre, vous saurez, si vous le voulez, sauver la France et la refaire intacte et délivrée.

Gardes mobiles bretons, je vous suis d'un cœur paternel et je donnerais ma vie pour partager vos gloires et vos dangers.

HENRY DE FRANCE.

Partager vos dangers! Où Dieudonné a-t-il brûlé une seule cartouche pour la France? En quoi la conduite de Bazaine, voulant que son armée se préoccupât de la dynastie napoléonienne plus que de la France, est-elle en principe plus répréhensible que celle de Dieudonné, saisissant dans les angoisses de la France, l'occasion de mettre son image, celle de sa dynastie, entre la République et l'armée? Son manifeste à la nation avait déjà paru avant son Appel aux Bretons. Ces pièces circulaient dans Paris ; elles augmentaient la défiance du peuple contre ceux qui conduisaient le siége. Des journaux républicains, tels que le *Combat*, le *Réveil*, l'*Electeur libre,* la *Patrie en danger*, ne manquèrent pas de les dénoncer au gouvernement du général Trochu ; celui-ci, particulièrement, faisait la sourde oreille, ou, s'il était forcé de s'en occuper, c'était pour dire que ces pièces étaient *forgées* par les Prussiens pour semer la division.

Il n'y a pas eu de défection, c'est vrai, et les partisans de Dieudonné ont noblement fait leur devoir pendant la guerre. Néanmoins, il y avait eu tentative réelle d'embauchage et l'appel à la discorde devait porter ses fruits.

V

La droiture de Dieudonné.

« Tant que je serai forcé de vivre sur la terre d'exil, — a-t-il
» dit, — il importe essentiellement au maintien de ma dignité
» et de mon indépendance personnelle que je conserve la plus
» stricte neutralité et que je reste constamment étranger à tout

» ce qui touche la politique des divers gouvernements. » (Lettre au vicomte de Saint-Priest, 22 janvier 1848.)

Comment celui que M. de La Bassetière a qualifié, du haut de la tribune (1), du « caractère le plus franc, le plus chevaleresque, *le plus honnête* de notre époque », a-t-il tenu cet engagement solennel?

Voilà quarante ans qu'il bafoue toutes les constitutions sous le prétexte qu'il ne les a pas octroyées, qu'il pousse à la violation des serments, à la désorganisation des services publics, à l'indiscipline dans l'armée, qu'il fait à la justice française l'affront de la remercier des arrêts qui lui plaisent et que, sous prétexte de défendre la liberté du foyer domestique, par les prêtres, il y souffle la discorde.

— C'est mon devoir ! proclame-t-il en jetant le masque.

— C'est son droit ! disent en chœur ses partisans.

— C'est son métier de prétendant, il faut en convenir.

Ainsi, l'homme qu'on nous présente comme prédestiné à rendre à la France la *notion du respect* a contribué plus que personne, dans notre pays, à saper le principe d'autorité et dans le gouvernement et dans la famille.

Le fait est qu'il n'est demeuré jamais *étranger* à la politique que quand un cordon sanitaire a été établi contre lui (c'est-à-dire sous l'Empire seulement, et encore !); chaque fois qu'une crevasse s'est produite, Dieudonné a surgi, renflant sa voix, se posant en inspiré, donnant son appui moral à toutes les violences, son argent, qui vient en partie de la fortune publique, à toutes les intrigues et sa promesse « d'être prêt » à toutes les dupes.

Le pied engagé dans toutes les jésuitières, la main dans les complots de la réaction et dans tous les attentats à la liberté des peuples, cet homme n'a pas cessé de se disculper de *vouloir aggraver les embarras et les périls de la France* (2) et il n'a pas cessé de tenir provision de manifestes séditieux à jeter par toutes les fissures de notre ordre social.

Est-ce sincérité ?

Votre prince, — dirons-nous à ses derniers partisans, — ressemble à ces éclopés fanfarons qui, étant tombés au fond d'un précipice, prétendent remonter en se tenant droits sur les deux jambes. On les en défie, et, si on a détourné un instant la tête, on les surprendra rampant sur quatre pattes.

Est-ce droiture?

(1) Séance du 12 janvier 1880.
(2) Lettre à M., 15 novembre 1869.

VI

L'holocauste à Dieudonné.

C'est un scandale et une menace permanente pour la paix intérieure que de voir siéger au Sénat, élus seulement par des compères monarchistes, des hommes qui, après avoir combattu la loi constitutionnelle, ne la respectent pas et donnent encore à leur opposition le caractère d'une opposition dynastique.

Palaiseau s'apprête à élever une statue à Bara, l'héroïque enfant de douze ans qui mourut plutôt que de crier : vive le roi ! — De Bara à Baragnon il n'y a qu'une syllabe..., non... un Syllabus et un siècle de plus. Le même homme qui crie aujourd'hui : « Vive le Roi ! » (1) a tenu en principe son mandat législatif d'électeurs auxquels il disait que « les ennemis de la République sont les ennemis de la Patrie. » (Nîmes, circulaire 6 septembre 1870.)

« Notre roi, disait plus tard M. de La Bassetière en plein Corps législatif, notre roi n'a *pas un ennemi* en France. » — Pas un ennemi ! Ces cyniques feignent d'oublier que la guerre de la Commune, d'affreuse mémoire, n'a pas eu de prétexte plus spécieux, de sujet de crainte plus exploité, de motif de ralliement plus manifeste que les intrigues ourdies pour le rétablissement de la monarchie (2).

(1) Notamment à Chambord (séjour célébré par l'immortel pamphlet de Paul-Louis Courier), M. Baragnon s'est exprimé ainsi au banquet de la Saint-Henry, le 29 septembre 1879 :

« Quand nous disons : *Vive le Roi* ! sous ces ombrages, *nous sommes chez nous* ; nous ne *provoquons personne à la sédition et à la révolte.* Nous ne nions pas l'existence d'une République que nous ne voyons que trop (rires), nous nous bornerons à dire à la France, au jour et à l'heure marqués par la Providence où le pays reviendra à la royauté, le roi ne sera ni à choisir ni à faire. Il existe, et Dieu nous l'a donné à cette heureuse date dont nous célébrons le souvenir. »

(2) Eh quoi ! il y aurait encore des esprits qui doutent, des courages qui hésitent, alors que l'Assemblée, maintes fois mise en demeure d'affirmer la République, a toujours refusé ; alors qu'elle vient de refuser encore ; alors que son ministre dirigeant se tue de vous dire qu'il ne maintient la République que provisoirement, qu'on verra plus tard ; quand *c'est pour cela même qu'on se bat*, pour avoir enfin l'assurance de ce qu'ils ne veulent pas dire, *la certitude du maintien de la République !*

Et quelques-uns discutent encore, pérorent et argumentent, et osent parler de la légalité de Versailles, qnand Versailles s'insurge contre les conseils sortis des dernières élections que lui-même a légiférées, décrétées et présidées, et ne sait pas même observer la loi qu'il a faite ! quand Versailles déchire ses voiles, découvre ses Belcastel, ses Mortimer, toutes ses nudités ; q uand il nous montre impudemment l.s parties honteuses de sa politique,

L'armée communaliste, on le sait bien, se composait de 234 bataillons formant un effectif de 7.933 officiers, 183.710 soldats, plus 29.573 hommes appartenant à des corps spéciaux. Si à ces 221.216 combattants on ajoute 15.000 employés civils, on a le total de 236.216 *amis du roi* qui ne méritaient évidemment aucune grâce, d'autant plus que dans ce nombre figuraient 1.040 individus poursuivis pour crimes et délits de droit commun absolument connexes de crimes politiques.

La répression fut équitable, puisque 50.000 arrestations n'ont abouti qu'à 14.000 condamnations contradictoires, 2.000 acquittements, 35.000 ordonnances de non-lieu. L'Assemblée de Versailles se montra animée d'un véritable esprit de clémence, puisque, sur 100 condamnations à mort, elle n'en fit exécuter que le quart, et si ce n'est qu'il y eut 17.000 exécutions sommaires (1), y compris celle du petit Blondeau, âgé de douze ans, qui jouait avec des cartouches ; si ce n'est qu'on dépêcha un peu trop au point de passer par les armes cinq ou six fois de suite tel ou tel membre de la Commune aujourd'hui bien tranquille; si ce n'est qu'un député de Paris non combattant fut condamné à mort par un simple capitaine, forcé de s'agenouiller et fusillé sur les marches du Panthéon, tandis qu'il criait : « Vive la République ! Vive l'humanité ! » si ce n'est qu'on eut la maladresse de laisser traîner dans les couloirs du ministère des affaires étrangères (ils y sont peut-être encore) des piles de cartons avec cette étiquette : « *Fusillés par erreur* » ; si ce n'est que l'ère des délations fut prolongée d'une manière écœurante, que les 35.000 bénéficiaires d'ordonnances de non-lieu furent encore inquiétés à plusieurs reprises, que les 3.313 condamnés par con-

quand Versailles démasque tous les jours un de ses prétendants : hier un Bonaparte, aujourd'hui un Bourbon, demain un d'Orléans ! pourquoi pas un Mecklembourg ?

Vous ne direz pas, cette fois, qu'il n'y a pas de monarchie sous roche, comme vous le disiez au mois de février, quand on vous dénonçait la nouvelle *rue de Poitiers* qui devait conduire la réaction si vite au terme de ses rêves, à un coup d'Etat déjoué le 18 mars, et à des journées de Juin qui durent encore et qui ont d'autres proportions que les premières et qui ne finiront pas de même !

Cette fois la conspiration monarchique vous crève les yeux; c'est tout l'essaim des budgétivores éclos sur le fumier de trois monarchies, c'est cette nuée de sauterelles qui bourdonne autour de nous et revient s'abattre sur le pays, c'est cette plaie d'Egypte qui nous menace. (Article signé : A. Rogeard, dans le *Vengeur*, avril 1871.)

(1) Rapport du général Appert.

Le chiffre de 25.000 paraît se rapprocher davantage de la vérité. En tous cas, le nombre des victimes de la Terreur (1793-1794) est moins considérable. (V. Mortimer-Ternaux, *Histoire de la Terreur*.)

tumace furent suivis à l'étranger par près de 100.000 bons ouvriers dénoncés ou ayant peur de l'être ; si ce n'est, enfin, qu'on marchanda l'amnistie pendant neuf ans, on peut dire que l'Assemblée de Versailles sut allier la magnanimité à la justice, et que ses plus fortes têtes valaient bien les Cabochés du moyen-âge.

En laissant s'exécuter la sentence des conseils de guerre qui déportait des publicistes ou les envoyait au bagne recevoir la bastonnade, l'Assemblée nationale de Versailles a donné cette grande leçon que les excitations à la guerre civile ne sont pas moins coupables chez l'homme d'éducation que chez le prolétaire égaré par le besoin ou chez l'utopiste en rupture de bon sens, et que, dans les plus grandes perturbations politiques, l'image de la patrie doit toujours dominer les élans de la passion. Malheureusement, la moralité de la leçon fut en partie perdue, puisque, après avoir déchaîné cette guerre civile, les fauteurs de la restauration de Dieudonné bénéficièrent de leur immunité de législateurs.

L'histoire — dont le temps commence à venir — cherchera quelle foi commune, quel trait d'union subit mêla, dans une révolution exclusivement parisienne, des savants, des publicistes, d'honnêtes bourgeois avec les pires niveleurs des faubourgs, avec l'arrière-ban de Juin 48 et les jeunes suppôts de l'Internationale. Pour nous, témoin oculaire, la démonstration a lui. La masse dont il s'agit était absolument persuadée qu'à Versailles on voulait refaire la monarchie, et, la majorité parlementaire bravant cette masse, voulant décapitaliser Paris, rejetant inhumainement tous les projets de conciliation qui pouvaient aboutir, pourvu qu'on proclamât franchement la République, a la principale responsabilité dans la catastrophe. Le roi (on ne savait encore lequel) était dans la coulisse quand on poussait les bataillons fédérés à des déroutes lamentables avec ce cri d'alarme partout répété : « Ce sont les royalistes de Charette et de Cathelineau » qui marchent contre Paris au cri de : « Vive le Roi ! » et dra- » peau blanc en tête » !

Mai faisait éclore pour les royalistes des projets de fusion ; ils donnaient le baiser Lamourette même aux impérialistes. Jugerait-on ou ne jugerait-on pas Bazaine ? Un des grands griefs de la Commune était que ce traître ne fût pas encore traduit devant un conseil de guerre.

Dès lors la question était résolue. Thiers fut étonné de rencontrer contre son sentiment l'opposition de ceux qui avaient

(1) Journal la *Commune*, 5 avril 1871 et autres.

voté la déchéance de l'empire. On sait que l'affaire Bazaine ne fut décidée qu'à la fin de 1873. Ce traître eut la satisfaction, avant d'être lui-même flétri et condamné, de voir bannir, déporter, mitrailleuser par troupeaux au Champ-de-Mars ou à la caserne Lobau, fusiller à Satory, à Marseille, etc., ceux qui les premiers avaient crié sa trahison. Pendant deux ans il a vu espionner, calomnier, menacer, vilipender ceux qui, restés purs de tout compromis avec l'insurrection de mars, avaient, aux yeux des monarchistes, l'ineffaçable tort d'avoir à invoquer, pour le maintien de leur République contemporaine de Metz allemand, cet exemple d'un crime de lèse-nation causé par des préoccupations dynastiques.

Sur la fournaise infernale de Mai pleuvaient les lettres de Dieudonné. Plomb fondu pour Paris, manne rafraîchissante pour Versailles. L'entrevue de Dreux mettait chevaux légers et autres droitiers en liesse. Le bon jeune homme, le comte de Paris, s'était écrié :

Oui, de ta suite, ô roi, de ta suite j'en suis !

Dont acte ! La fusion faite, que tardait-on à bombarder Paris, à proclamer le roi ? « Huit jours encore, accordez-moi huit » jours, suppliait Thiers aux abois — il n'y aura plus de dan- » ger, la *tâche sera proportionnée à votre courage et à votre* » *capacité* (11 mai). »

A huit jours de là, la Commune, déjà en dissolution, rassemblait ses tronçons épars. La dernière chance de pacification venait de s'évanouir par le rejet de la proposition Peyrat, E. Quinet, L. Blanc, H. Brisson, Tirard, E. Adam, Greppo, Langlois, Farcy, Tolain, J. Brunet, Schœlcher, Martin Bernard, Lepère, Rathier et Carion, ainsi conçue :

« L'Assemblée nationale reconnaît la République comme le » gouvernement de la France ! »

En la soutenant, cette proposition, ses auteurs conjuraient l'Assemblée de faire humainement attention à la fureur que provoquait dans Paris l'accueil triomphant fait par la majorité royaliste à un manifeste par lequel « un prince immuable dans ses » revendications se donne comme l'incarnation du droit national » et annonce qu'il sera rappelé, non-seulement parce qu'il est le » droit, mais parce qu'il est le fondé de pouvoirs nécessaire pour » remettre en place ce qui n'y est pas. »

L'urgence, mise aux voix, ne fut pas adoptée (18 mai).

« Henri Capet, — dit à ce propos le *Vengeur* (1), — un des

(1) *Vengeur*, 18 mai 1871.

» journaux les plus fougueux, mais incontestablement le mieux » rédigé de la Commune, — Henri Capet n'a pas même la » patience d'attendre la fin de la Saint-Barthélemy versaillaise : » il nous annonce qu'il se met en route pour nous sauver, en » nous apportant le mythe de la poule au pot de son goguenard » ancêtre, la Charte, le Pape, les Ordonnances et le Syllabus.

» C'est pourquoi il nous dit : Voici le sabre..., le sabre de » mon grand-père. C'est ce qu'il appelle, dans son idiotie bigote, » travailler à la régénération du pays. Il veut renouer la chaîne » des temps à 1830 et dater son règne de l'an 41 ; il veut effacer » les dates glorieuses de Juillet et de Février.

» Crétin ! va ! quand on a sur son blason de famille la rouille » sanglante des trois journées, on devrait avoir au moins la pu- » deur de se taire et de se faire oublier... Les deux branches se » sont donné le baiser de Judas ; l'union bidynastique a brûlé » ses vaisseaux. Les coryphées Mortimer et de Kerdrel ont es- » sayé de miner la présidence de l'exécuté de la place Georges (2), » pour le renverser au premier jour par un coup de majorité » parlementaire et le remplacer par un lieutenant-général du » royaume.

» Ils ne le trouvent pas assez sauvage, assez féroce, assez ex- » péditif ; ils veulent en huit jours pouvoir offrir à Henry Tamer- » lan une pyramide de têtes humaines. Thiers a mortellement » blessé la droite ultramontaine ; ces orientaux s'en souviennent » et préparent déjà pour le petit vizir le lacet fatal. » (C'était, on en conviendra, prophétiser assez juste.)

» La République est en danger. Nos ennemis s'unissent par » diplomatie. Unissons-nous par fraternité. Ils emploient des » moyens tortueux et infâmes pour préparer un coup de sur- » prise monarchique. *Ne faisons appel qn'aux moyens loyaux et* » *honnêtes pour sauver le pays avec le concours de toutes les con-* » *victions sincères et généreuses.* » A. LETELLIER.

Plus de mille articles analogues démontrent à satiété que le prurit monarchique a été la véritable cause des fureurs désespérées de la Commune, bientôt suivies des représailles de la semaine sanglante. *Excidat illa dies œvo !*

Nous ne citerons que deux des pièces alors le plus affichées dans Paris :

(1) M. Peyrat. *Avenir national,* 18 mai 1871.

(2) Dans le langage du temps, ceci veut dire, l'hôtel Thiers, place Saint-Georges. Il est à remarquer que le décret de la Commune qui a ordonné la démolition de l'immeuble a été l'injuste réplique au manifeste de Dieudonné, apporté à Versailles le 8 mai.

1° Manifeste à la nation (*Cri du peuple*), se terminant par cette phrase : « Ce que Paris réclame, c'est que la République ne puisse » être étranglée, comme elle le fut au 18 brumaire et au 2 dé- » cembre, par des aventuriers audacieux ou des conspirateurs » princiers. »

2° *Proclamation du comité de Salut public. — Aux gardes nationaux de Paris* (27 floréal an 79). — « Bonapartistes, orléa- » nistes et chouans sont ligués contre vous et n'ont de lien com- » mun que leur haine pour la Révolution. Ils rêvent de rétablir » un trône qui servirait de rempart à leurs priviléges et ils vou- » draient écraser la République, garantie de tous les progrès » sous l'ignorance des campagnes, qu'ils égarent ou qu'ils cor- » rompent.

» Vous déjouerez leurs projets liberticides par votre discipline » et votre héroïsme. Leurs trahisons nous ont empêchés de » sauver l'intégrité de notre patrie, mais elles n'auront pas la » puissance de nous rejeter sous le joug, même passager, d'une » restauration monarchique.

» Il faut que ces insurgés en prennent leur parti ; nous réali- » serons le sublime programme tracé par nos pères en 92. » L'ordre dans la République, la liberté, l'égalité, la frater- » nité, ne demeureront pas lettres mortes. La lutte soutenue en » France depuis quatre-vingts ans contre le vieux monde va » toucher à son terme, etc., etc. »

. . . .

La résistance était décidée.

Alors on vit surgir, glapissants et furibonds, dans Versailles, une foule de petits Marat bien gantés, bien frisés, qui se démenaient et réclamaient cent mille têtes. L'air en fut assourdi au palais du grand roi. Les amis de Dieudonné eurent la joie féroce, car ils pouvaient renvoyer le grand vicaire Lagarde, qui tenait le sort de l'archevêque entre ses mains, mais ils obligèrent Thiers à le retenir. Ils calculaient que le crime annoncé par la Commune une fois perpétré, il n'y aurait plus de raison pour que l'ange de la pitié vînt une seule fois effleurer de ses ailes le gouvernement qu'ils dominaient.

On aurait un gros tas de cadavres. Il s'agissait pour Dieudonné de sauter par dessus, caracoler et retomber roi.

Les jongleurs qui prétendent que Dieudonné n'a « pas un ennemi » en France en sont encore à se dire : « Sautera-t-il ou ne sautera-t-il pas ? »

VII

Le désaveu de 1830.

« Durant de longues années *d'un exil immérité* je n'ai pas
» voulu que mon nom puisse être, *même pour un jour, un sujet*
» *de division et de trouble;* mais à cette heure je n'hésite pas à dé-
» clarer que *je suis prêt* à me dévouer entièrement à lui, pour le
» protéger et m'efforcer d'assurer son bonheur (1). »

Après l'épreuve de mai 1871, il semble qu'il a dû se trouver parmi ceux qu'on a appelés « le parti des honnêtes gens » d'assez bons Français pour dire au prétendant : « Le souvenir de 1830 est plus vivace que nous ne pensions. Nous nous sommes trompés en présumant qu'absent depuis si longtemps de France, vous n'étiez l'objet d'aucune haine. Renoncez. » — Si cette observation lui a été présentée très-respectueusement sur un plateau, la réplique ne se fit pas attendre. Dieudonné considérait comme une *calomnie l'allégation que, désespérant de l'avenir de son pays, il avait renoncé au bonheur de le sauver* (2). C'était le calomnier que de le supposer sensible aux hécatombes dont le sang monte jusqu'à sa tête.

Ah ! l'honnête homme ! l'excellent homme ! — Ne méritait-il pas bien qu'on lui rouvrît les portes de la France?

La Commune exterminée, — disaient ses partisans, — nous en avons fini avec la République ; celle-là a tué celle-ci.

Impatients de faire remonter leur roi sur le trône de ses pères, ils s'indignaient des ménagements que l'on voulait encore garder.

A les entendre il fallait profiter de l'effarement de Paris, de l'état de siége, maintenu dans la moitié de la France, et de l'occupation prussienne ; il fallait exploiter la réprobation générale qui s'attachait aux excès de la Commune, pour donner le change aux esprits modérés et leur faire voir les premiers besoins de l'ordre dans une réaction effrénée.

Certains républicains par ambition, guettant chez Thiers la réapparition d'anciennes sympathies et résolus à conformer leur conduite à la sienne, n'osaient blâmer trop vivement ce que leur faiblesse encourageait.

Ils laissaient donc espérer aux royalistes leur conversion,

(1) Manifeste du 9 octobre 1870 (frontière suisse).
(2) Manifeste de mai 1871, porté à Versailles.

mais ils parlaient seulement d'y mettre une certaine pudeur. De la pudeur! il fallait voir trépigner, à ce mot, les Cazenove de Pradines! Parce que les pavés de Paris fumaient encore du sang de tant de malheureux qui avaient cru succomber, comme Baudin, pour la République; parce que la ville de Louis XIV voyait défiler chaque jour les troupeaux de prisonniers et se réveillait chaque nuit au bruit sinistre des cortéges en marche pour les pontons, on ferait attendre le roi? Que venait-on parler de cadavres à enjamber? Ce n'est pas à Paris que se ferait le saut périlleux. Dans ce palais de Versailles, où l'étranger, il y a quelques mois, venait de faire un empereur d'Allemagne, était-il donc si difficile de faire un roi de France? On le proclamerait, comme dans un camp, sur la Place d'armes bondée de canons. De là il n'entendrait pas les sanglots de cent mille mères.

On se battait encore dans Paris que les royalistes livraient l'assaut à Thiers pour faire mettre en discussion l'abrogation des lois d'exil.

Le 2 juin 1871, la majorité se ralliait à la proposition Giraud, spéciale aux princes de la maison de Bourbon.

L'urgence déclarée, M. Batbie était chargé du rapport.

La proposition Giraud avait le tort grave de mettre sur la même ligne des princes dont la situation, en droit comme en fait, était bien différente.

Par la loi des 10-16 avril 1832, le territoire de la France et de ses colonies était interdit à perpétuité aux descendants, aux époux et épouses des descendants de Charles X (art. 1er). — Ces personnes ne peuvent jouir en France d'aucun droil civil (art. 2). — Elles ne pourront posséder aucuns biens meubles ou immeubles en France; elles ne pourront en acquérir à titre gratuit ou onéreux (*ibid*). — La vente des biens par elles possédés était obligatoire dans le délai d'un an (art. 3).

La loi du 26 mai 1848, relative aux princes de la maison d'Orléans, s'était bornée à prononcer contre eux l'interdiction du territoire de la France. Plus tard (décret dictatorial du 22 mars 1852), on avait appliqué à la même famille l'interdiction et l'obligation de vendre, sans y ajouter la privation des droits civils.

La proposition Giraud ne tenait aucun compte de ces différences. En fait, plusieurs des princes d'Orléans avaient déjà obtenu du gouvernement de la Défense nationale l'autorisation de rentrer en France. Deux d'entre eux avaient été élus députés, et c'est justement sous le couvert de leur validation que l'on espérait faire passer tout le reste. Leur nom pouvait bien encore les signaler à la défiance des républicains, mais il n'y avait pas de raison pour les repousser tant qu'ils se conduiraient en citoyens respectueux des institutions de leur pays.

La patrie en larmes resaisissait dans la famille d'Orléans plusieurs de ses plus nobles enfants, autrefois bien connus de l'armée ou qui venaient de s'y mêler en payant bravement de leur personne.

Quant au comte de Chambord, bien que ses partisans eussent la naïveté de « faire valoir qu'il était complétement inconnu des générations actuelles, n'ayant jamais payé aucune dette à la patrie, ne s'étant attiré ni amour ni haine », ses nouveaux agissements venaient de le révéler à tous les citoyens qui s'occupent de politique tels qu'ils l'avaient observé pendant l'agitation italienne et nos douloureux conflits dans la question romaine, l'homme des jésuites, le boute-feu de la réaction, l'infatigable brouillon, le faux bonhomme, auquel il ne manquait, pour être absolument dangereux, que le grain de témérité sans lequel on ne reste pervers que d'intention. Au travers de son masque on voyait à plein l'homme gonflé de tous les venins du passé, sottement infatué de cette idée qu'une revanche *des siens* est possible, que le soleil rétrogade de l'occident à l'orient et que Nicodème, catéchisé par Jésus, est rentré dans le sein de sa mère.

Après cette colère épique de Paris contre le fantoche, prendre celui-ci par la main et le présenter à la nation, c'était insulter aux mânes des combattants de 1830 et, comme ces bourreaux qui souffletaient des victimes encore chaudes, souffleter jusque dans la tombe les défenseurs de la République.

La séance du 8 juin 1871 ne fut qu'un escamotage précipité de la sage loi de 1832.

M. Anselme-Polycarpe Batbie, professeur de droit public et administratif, en a écourté et tronqué le texte (V. l'*Officiel* du 9); il l'a confondu à dessein avec celui de la loi de 1848. L'article 1er de la loi du 10 avril 1832 était calqué sur la loi du 12 janvier 1816, bannissant les Bonapartes ; le décret de Bordeaux avait fait renaître celle-ci, et devant la même Assemblée, qui tenait à ne pas se déjuger, qui venait de repousser la proposition Jean Brunet « en faveur de l'abrogation de *toutes* les lois d'exil », M. Batbie venait s'élever « contre des rigueurs indignes du progrès de nos mœurs ».

La majorité ne répondit que par des rires sarcastiques à cette exclamation de M. Billy, député de la Meuse :

« Votre proposition de rouvrir les portes de la France au

comte de Chambord est une insulte aux départements envahis! »

A cette autre de M. Ducarre (ex-député de Lyon), un aveugle qui voyait plus clair que ses collègues nés avec l'image d'Henry V dans l'œil :

« Votre proposition est une insulte à Paris, où se passent des » scènes de sauvages et de cannibales!

» Il n'est pas permis à un citoyen, aux heures difficiles où » son pays se trouve, de laisser même involontairement de » grands noms servir de drapeau et de signe de ralliement aux » ambitions et aux avidités. Les ambitieux s'emparent de leur » nom pour s'en faire un drapeau! »

Sur cette question de l'exil du prétendant, qui avait été traitée avec tant d'ampleur dans le Parlement de la monarchie de Juillet, la majorité de Versailles avait résolu d'étouffer toute discussion.

Plusieurs membres du gouvernement actuel (MM. Magnin, Sadi-Carnot, Tirard, Albert Grévy, Turquet), tous les députés de l'Est, et MM. H. Martin, Carnot, Guichard, de Lafayette, Fouquet, les regrettables Viox, P. Jozon, etc., etc., signèrent la proposition de retirer purement et simplement le projet. De véritables hurlements leur ayant répondu, on mit en discussion un amendement qui tendait tout au moins à ajourner la motion chère à Dieudonné « jusqu'au moment où la Constitution aurait été votée et promulguée ».

Soutenant cet amendement, M. Marcel Barthe lut un des derniers manifestes du comte de Chambord :

« On m'appellera, parce que je suis le droit; moi seul puis mettre toutes choses à leur place, etc. » Il s'étonna qu'après tant de révolutions on osât affirmer ce droit divin et viser à réaliser dans la pratique cette théorie que Guizot déclarait « dégradante pour l'humanité », en vertu de laquelle un peuple serait livré à un homme par la Providence.

L'orateur, déchirant les voiles, soutenait que la proposition Giraud n'était pas simplement dictée par un élan généreux, mais qu'elle révélait une intention décidée de rétablir la monarchie. Il demandait laquelle et se récriait contre l'intention de préjuger la question constitutionnelle.

M. Octave Depeyre, tendant déjà les mains vers *son* portefeuille de la justice, se démena comme un furieux. « A l'ordre! à l'ordre! criait-il avec les de Barante, Ernoul, Cumont, etc. » — « Cette assemblée se déconsidérera, perdra de son influence! reprit froidement M. Barthe (à l'ordre!); si le pays veut la monarchie, il élira des représentants monarchiques. » Voix nombreuses : Ils sont tout élus ! (A l'ordre ! Tumulte).

Les clameurs empêchèrent l'orateur de continuer.

L'amendement Barthe, Billot, etc., fut rejeté par 416 voix contre 116. Au nombre de ceux qui votèrent *pour* figurent quatre des ministres actuels: MM. Ferry, Magnin, Sadi-Carnot et Tirard ; M. Leroyer, ancien garde-des-sceaux ; M. Lepère, ancien ministre de l'intérieur ; M. Varroy, ancien ministre des travaux publics ; MM. Clémenceau, Carnot, Brisson, Arago, Berlet, Humbert, etc., etc.

— C'est une tentative d'égorgement de la République ! s'écria M. Lepère.

— C'est l'étouffement de la République ! dit M. Turquet.

Résultat: sur 569 votants, la majorité étant de 285, l'abrogation de la loi du 10 avril 1832 et *en même temps* celle du 26 mai 1848 fut votée par 472 voix contre 97 (1).

M. Thiers parla *contre* et vota *pour* l'abrogation. Tous ses ministres, y compris Jules Simon, votèrent comme lui.

Sans désemparer, la majorité valida l'élection de MM. d'Aumale et de Joinville. Vainement M. La Serve s'écria : « A demain ! les princes peuvent bien attendre vingt-quatre heures ! »

Cependant la minorité opposante grossit encore. Il y eut 111 voix *contre*, entre autres celles du général Changarnier et de son groupe, lequel considérait les princes d'Orléans comme des obstacles possibles à la restauration du comte de Chambord.

De l'élection des princes jouissant de leurs droits civils on

(1) La minorité se compose de :

MM. Edmond Adam, Amat, Ancelon, Arbel, Arago, Bamberger, Barthe Marcel), Berlet, Martin Bernard, Billy, général Billot, P. Breton, Brice (Meurthe), H. Brisson, Ch. Brun (Var), Carnot, Sadi-Carnot, Carquet, Chardon, Chareton, Charton, Claude (Meurthe), Colas, Contant, Crespin, Cunit, Deschamps, Daron, Dorian, Dubois, Ducarre, Duclerc, Ducoux, Ducuing, Duparc, Dupont (de l'Eure), Durieu, Duvernay, Farcy, Jules Ferry, Flotard, Flye Sainte-Marie, général Frébaut, Gatien-Arnoud, G. Girerd, Godin, Grandpierre, Greppo, Guichard, Grévy (Doubs), Guiter, Humbert, Joigneaux, Journault, Jozon, Laflize, Langlois, La Serve, Lebas, Leblond, P. Lefranc, Lepère, Leroyer, Littré, Lucet, Magnin, de Mahy, Malens, Mangini, Marc-Dufraisse, Margaine, Marchal, Ladichère, Moreau, Murat, Sistrier, Parent, général Pélissier, Pelletan, Peulvé, Peyrat, Edgar Quinet, Rameau, Rathier, Michel Renaut, Raymond, Saint-Rive, Ch. Rolland, Rollin, Sauvage, Schœlcher, Soye, Taberlet, Dr Thomas, Tirard, Tolain, Varroy, Viox, Villain.

Se sont abstenus au scrutin : MM. Jules Grévy, Wilson, de Marcère, Christophle, Tribert, Vacherot, Fouquet, Bozérian, Malézieux, Grollier, Lenoël, comte de Cornulier-Lucinière, Ch. Bernard, Brabant, Busson-Duvivier, Thurel, Tassin, Guinard, de la Monneraye, O. de Lafayette.

Il est inutile de rappeler que MM. Gambetta, Constans et Cazot ne siègaient pas encore dans l'Assemblée.

avait conclu à l'infirmation, par deux colléges électoraux, de la loi d'exil du 24 mai 1848 et de l'abrogation de celle-ci à l'abrogation d'une mesure antérieure qui mettait hors la loi française le représentant de la branche aînée des Bourbons, comme si le désaveu de la Révolution de 1830 fût virtuellement contenu dans le vote de deux circonscriptions sympathiques aux fils de Louis-Philippe.

Pour obtenir cet effet rétrograde, la majorité avait renversé l'ordre logique de la discussion. Telle fut cette séance courte, houleuse et qui passa presque inaperçue au milieu des émotions fiévreuses de Paris.

Le vote du 8 juin 1871 a été une surprise, une oppression de la minorité.

Comment Dieudonné s'est-il montré digne de la mesure de générosité dont il était l'objet ? C'est ce que nous allons examiner.

VIII

Saute, Paillasse !

En 1790, le pouvoir monarchique et l'état républicain furent représentés, à Londres, par une danse tout à fait neuve. On y voyait d'abord un roi qui, après un entrechat, donnait un coup de pied dans le derrière de son premier ministre ; celui-ci le rendait à un second, le second à un troisième et enfin celui qui recevait le dernier coup figurait la nation et ne se vengeait sur personne.

Le gouvernement républicain était figuré par une danse ronde où chacun donnait et recevait également.

En 1871, les amateurs de la première espèce se mirent immédiatement en position ; leur maître, connaisseur de race en ces cérémonies, ne leur fit pas attendre ce qu'il appelait déjà son message. « La France m'appellera, dit-il, et je viendrai à elle tout « entier, avec mon dévouement, *mon principe et mon drapeau*. On « a parlé de conditions que je ne dois pas subir, etc., etc. »

La droite s'inclinait respectueusement. Le centre droit, blessé dans ses convictions les plus chères et voyant que l'essai de restauration monarchique auquel il se prêtait de bon cœur ne serait pas celui d'une monarchie constitutionnelle, hésitait à rendre le coup de pied à la nation. Question de flexibilité de l'épine dor-

(1) Message du 5 juillet 1871.

sale ! Tout bien considéré, il fit comme le cardinal Dubois. Son visage n'en dit rien.

Point de publicité à ce message. C'était déjà mettre un peu de schisme dans la danse et, comme on dit, brouiller les figures.

Dieudonné redouble d'impertinence.

Voici sa mercuriale du 25 janvier 1872 :

« Je ne devais pas, dit-on, demander à nos valeureux soldats » de marcher sous un nouvel étendard. Je n'arbore pas un nou- » veau drapeau, je maintiens celui de la France et j'ai la fierté » de croire qu'il rendrait à nos armées leur ancien prestige. Si » le *drapeau blanc* a éprouvé des revers, il y a des humiliations » qu'il n'a pas connues. Par mon inébranlable fidélité à ma foi » et à mon drapeau c'est l'*honneur* même de la France et de son » glorieux passé que je défends. C'est son avenir que je prépare. » Rien n'ébranlera mes résolutions, rien ne lassera ma patience, » et *personne, sous aucun prétexte*, n'obtiendra que je consente à » devenir le roi légitime de la Révolution ! »

Le centre droit fit de plus en plus la grimace. Comment s'y prendre pour rendre le coup de pied à la nation? Il y avait près de quatre-vingts ans qu'elle n'en avait enduré de semblable. Cette manière de témoigner aux Français le désir d'écrémer leur budget, rappelle la fière réponse que Camille Desmoulins mit dans la bouche d'un patriote :

Rends compte, et l'on veut bien encor payer ta dette ;
Mais, du moins, sois poli quand tu fais une quête.
D'un gueux, dit Salomon, l'insolence déplait,
Et c'est au mendiant à m'ôter son bonnet.

Le coup de pied s'envoyait aussi *in partibus infidelium*, témoin celui que recevait un évêque dissident sur la question du drapeau, et à charge de le rendre théologalement à un confrère de l'Institut. Qu'on en juge :

« Il m'est permis de supposer par vos allusions, *Monsieur* » l'évêque, qu'au premier rang des sacrifices regardés par vous » comme indispensables pour correspondre aux vœux du pays, » vous placez celui du drapean. C'est là un prétexte inventé par » ceux qui, tout en reconnaissant la nécessité du retour à la » monarchie *traditionnelle*, veulent au moins conserver le *sym- » bole de la Révolution*. Croyez-le bien, malgré ses défaillances, » la France n'a pas à ce point perdu le *sentiment de l'honneur*. » Elle ne comprend pas plus le chef de la maison de Bourbon » reniant l'étendard d'Alger, qu'elle n'eût compris l'évêque

» d'Orléans se résignant à siéger à l'Académie française en
» compagnie de sceptiques et d'athées. »

Dieudonné annonçait qu'il allait épurer l'Institut, l'Université et le reste.

Comme le capitaine Tic de la comédie, il regretta sa vivacité... Mais c'était lâché. Plus tard, il a eu soin de faire retirer cette lettre des éditions de sa correspondance (1).

Un peu plus tard, dans un autre *manifeste*(2), cette arrogance s'accentue :

« Il est de mode, vous le savez, d'opposer à la fermeté
» d'Henry V l'habileté d'Henry IV. La violente amour que je
» porte à *mes sujets,* disait-il souvent, me rend tout possible et
» honorable. Je prétends, sur ce point, ne lui céder en rien,
» mais je voudrais bien savoir quelle leçon se fût attirée l'*impru-*
» *dent assez osé* pour lui persuader de renier l'étendard d'Arques
» et d'Ivry. »

» Et plus loin, dans le même manifeste, Dieudonné emprunte à la proclamation même qui accompagna l'acte du 2 décembre. le vieux trope usé de la pyramide sociale qu'il s'agit de remettre « sur sa base », ainsi que les promesses de « rassurer les bons et de faire trembler les méchants ».

Dès lors, il était évident que celui qui parlait ce langage suranné espérait moins s'imposer à la France qu'il ne songeait à *poser* devant elle.

Que devenaient ces panégyriques d'un prince imbu des idées modernes, incapable de rétrograder dans l'absolutisme, doué du génie de la conciliation? Intraitable, glorifiant l'emploi de la force « *pour reconstituer la société* », maladroit jusqu'à pasticher l'autre sauveur dont on avait fait l'épreuve, tel se révélait M. de Chambord.

Le masque de commande était tombé.

Le plus étourdi du coup fut ce pauvre M. Chesnelong, qui s'était rendu dans une auberge de Salzbourg pour offrir la couronne de France au moment où le prince sonnait pour demander ses bottes. Les démentis pleuvaient sur ce « chevalier de la triste figure ».

M. Auguste Callet, député de la Loire, autre membre de la commission des Neuf, devait dire plus tard, à propos de ce manifeste (celui du 27 octobre 1873) : « Si cette lettre m'eût été

(1) La lettre a été imprimée dans la *Défense,* l'*Union,* le *Monde,* etc. (A Mgr Dupanloup, 6 février 1873).
Elle ne figure plus dans la cinquième édition génevoise de 1880.

(2) A M. Chesnelong. Salzbourg, 27 octobre 1873.

» confiée, je l'aurais déchirée ou brûlée; à coup sûr je ne l'au» rais pas remise (1). » — Échec lamentable!

Huit ans seulement nous séparent de cette époque, huit ans pendant lesquels la face des choses a tellement changé qu'il semble aujourd'hui qu'on rappelle une intrigue vieille au moins d'un siècle. Puisqu'elle a été sur le point de réussir..... huit jours....., qu'on se figure de quels empiriques nous avons été délivrés. Ils nous rappellent cet habile éleveur dont parle Darwin, son héros, John Sebright, qui avait coutume de dire, en parlant de pigeons « qu'il produirait n'importe quel genre » de plumes au bout de trois ans, mais qu'il faudrait peut-être » six ans pour obtenir une tête et un bec ». C'est toujours à ces essais d'embryogénie royaliste que les Broglie, Baragnon, etc., veulent en revenir. Depuis leur déconvenue, Dieudonné n'a pas cessé d'entonner son antienne :

« Je suis prêt! (2) » — Prêt à quoi?

A devenir monarque constitutionnel? Calomnie! Prêt à croquer les pigeons façon Sebright-Broglie.. Si du moins, à ce jeu monotone, il avait conservé intact ce que d'aucuns appellent son « prestige » de la dignité de race!

Mais celui-là, nous le craignons pour lui, fera piteuse mine dans l'histoire, qui, se donnant toujours pour être prêt à faire le saut périlleux, comme Paillasse, recule toujours comme..... Panurge.

(1) Lettre de M. Callet à M. de La Rochette.(*Espérance du peuple.* — Nantes, 3 octobre 1875.)

(2) Il y a même eu cette variante burlesque :

« Je suis prêt à *tout faire* », dans une lettre qu'un journal légitimiste publiait en 1879, et qui était signée DU BOURG, un des secrétaires de Dieudonné.

Le Messager du Midi, qui la trouvait bien *bonne*, ayant demandé à voir l'original, reçut la lettre suivante :

Monsieur le directeur,

Pour faire cesser toute incertitnde au sujet de la lettre de M. de Bourg, secrétaire de Mgr le comte de Chambord, j'ai l'honneur de vous informer que c'est moi qui ai eu l'honneur de la recevoir et que je la mets à votre disposition pendant quelques jours, si cela peut vous être agréable.

Recevez, monsieur le directenr, l'expression de mes sentiments distingués.

Marquis DE PINA DE SAINT-DIDIER.

Ce 11 août 1879.

IX

A propos du drapeau.

Dieudonné joue de guignon. Il a crié à la calomnie quand on lui a imputé d'avoir eu un seul instant la pensée d'accepter le drapeau tricolore à la place de celui de « Jeanne d'Arc, de François 1er, d'Henri IV », et on le calomnie encore — cette fois dans son éducation — quand on suppose qu'il était sincère en prononçant cette phrase mémorable.

La sublime vosgienne a eu certainement plusieurs bannières personnelles, *une bleue*, avec les images hautes et enluminées de Jésus et Marie ; une autre, qu'elle planta sur les murs de Paris, blanche et bleue, fleurdelisée, avec les mêmes images ; une blanche à bordure jaune, avec l'image de Dieu tenant le globe du monde, accompagné de deux anges agenouillés, avec cette inscription Jhésus Maria ; enfin une flamme blanche portant la devise « Espérance en Dieu », écrite sur un ruban qui sortait de la gueule d'un chien, emblème de fidélité, (1). C'est celle que Jehanne portait à Reims (1429), tandis que le duc de Bourbon, marchant derrière le roi, portait un étendard *rouge semé de flammes d'or*, avec la devise : « Espérance en Dieu, » (Bibl. nat. Est, coll. Hennin, gravure de Poinssart.)

M. Marius Sepet a eu donc tort d'écrire (p. 3 de son *Histoire du drapeau de la France*) : « L'étendard de Jeanne d'Arc est, à ma connaissance, le premier drapeau *purement blanc* porté dans les armées françaises avec un caractère national de commandement. » Il écrivait son livre pour les circonstanees, dans le temps même où M. le comte de Damas faisait faire pour 100.000 fr., chez Bender, les carrosses destinés à l'entrée triomphale de Dieudonné. Les lignes qui suivent indiquent l'intention : « Cette « seule circonstance doit suffire pour qu'un sentiment éternel » de respect et de reconnaissance s'attache à cette couleur et » pour que l'armée française, si le cours des événements ramenait un étendard semblable, blanc, semé de fleurs de lys d'or, » fût fière de combattre sous ses plis, que la Providence a consacrés, il y a quatre siècles, par le salut de la France et l'expulsion de l'étranger. »

(1) Voir Jean Rey, *Insignes de la Monarchie*, Palmé Techener, 1837. 2 vol. — Marius Sepet, *Le Drapeau*, 1873. — De Bouillé (comte L.), *les Drapeaux français*. — Dumaine, 1875, in 8°, p. 57. — *Recueil des inscriptions de la statue de Pucelle*, p. 195, tapisseries de l'entrée de Charles VII.

La loque de Charles X n'a rien de commun non plus avec l'étendard de François Ier, lequel était *blanc*, *jaune* et *rouge*(1).

Dans une collection de drapeaux faite à l'aquarelle par M. Pernot, et qui se voit dans l'Hôtel des Invalides, on trouve l'étendard d'accompagnement d'Henry IV lors de son entrée à Troyes (1595) : il est rayé horizontalement *bleu*, *blanc* et *rouge*. Ce roi, accédant à la prière des Hollandais, ses alliés, leur donna ces couleurs, les siennes, en mémoire de leur alliance (2).

Mêmes couleurs à l'entrée du monarque à Rouen, 16 octobre 1596 (*Cérémonial français*, p. 948). « En mai 1610, aux » funérailles de Henry IV..., suivaient : la cornette des couleurs » et livrées de Sa Majesté, *orengé*, *blanc* et *bleu*, semée de masses » d'Hercule en broderies d'argent avec la devise de S. M... ; le » grand estendart de satin *bleu* céleste en broderie de fleurs de » lys d'or à une grande croix de satin blanc, qui est la croix de » France.... ; le grand estendart Saint-Denys de *satin cramoisy ;* » le penon de France de *velours violet* semé de fleurs de lys d'or ; » la *grande bannière* de France de velours *violet bleu céleste* semé » de fleurs de lys d'or plus plain que vuide, etc. » (*Favyn*, le *Théâtre d'Honneur*, 1620. p. 1865).

M. le comte de Chambord conserve dans un écrin, dit-on, le fameux panache du grand Henri et manifeste pour le chef dynastique de sa race un respect certes bien légitime, mais peut-être n'est-ce pas le meilleur hommage à rendre à sa mémoire que de célébrer ses « victoires d'Arques et d'Ivry », remportées sur des Français, et avec le concours d'étrangers, plutôt que celles gagnées par le même roi sous les enseignes du *règne*, triomphantes des Espagnols à Fontaine-Française, à la Fère, à Amiens, etc.

Si la *cornette blanche*, insigne de commandement, signifiait dès lors couleur du roi, comme le prétend Jean Rey, comment le duc de Mayenne, combattant contre le roi à Ivry (1590), aurait-il « remis sa cornette blanche à M. de Cicogne (Péréfixe) ? »

Sous Henri IV, le pavillon royal des galères était entièrement rouge et chargé des armes de France, avec le collier de l'ordre de Saint-Michel et du Saint-Esprit. Louis XIV adopte la couleur de *feu* pour l'ordre de Saint-Louis. Il y a des ordonnances de 1689 et de 1765 qui qualifient le *blanc* et le *bleu* de couleurs nationales. Au dix-huitième siècle, les drapeaux blancs ne sont encore que

(1) Ouvrages cités et Vulson de la Colombière, *Le Vray Théâtre d'Honneur et Conqueste de Milan*, par Pasquier Le Moyne. 1520. Bibl. nat., 4 b, $\frac{33}{23}$.

(2) « Tant que la Hollande aura ces couleurs sous les yeux elles lui rap- » pelleront le souvenir de ceux qui l'ont si ardemment secourue pour la » conquête de sa liberté. » (Lettre de Henry IV.)

les enseignes de colonel général, distinctes des drapeaux particuliers de chaque régiment. (Ordonnances du 1er juin 1776 et du 5 avril 1781.)

De tout ce qui précède il résulte que le *drapeau blanc*, celui de Coblentz, celui de la Restauration, le seul que reconnaisse M. de Chambord, n'a jamais été *national*, ni précisément *royal* avant 89 ; que l'unité nationale ne s'est pas faite sous lui ; que, de 89 à 92, Louis XVI régnant, ce même drapeau blanc devint antinational, symbole de la résistance au roi lui-même. A cette assertion qu'il porte dans ses plis l'honneur de la France répondent les exploits de ceux qui l'arboraient à Toulon et à Lyon comme signal d'entrée pour l'ennemi.

Dieudonné sait et savait tout cela mieux que personne quand il écrivait sa fameuse lettre de 1873. Les jésuites Tharin, PP. Déplace et Druilhet avaient pu lui farcir la tête de sornettes ; mais plus tard, au Hradschin de Prague, son éducation n'avait pas été si négligée. Il eut pour gouverneur le général de La Tour-Maubourg, le glorieux mutilé de Leipzig, pour professeurs le colonel Mounier, Emile Lefranc, l'auteur de tant de manuels, etc.

Encore une fois, c'était le calomnier que de le supposer sincère dans l'affirmation de ses âneries.

Plus tard, Dieudonné a écrit (1) « qu'il se réservait de faire, » quand il lui plairait, une lumière totale sur les événements de » 1873. » Il ne la fera jamais, car il ne pourrait dire qu'une chose : « J'aurais été tout prêt, comme mon grand-père, en » 1814, à adopter le drapeau tricolore, et mieux que lui j'aurais » tenu ma parole, si je ne m'étais aperçu que des jongleurs » m'avaient indignement trompé, et si mon séjour bien caché » en France pendant quinze jours ne m'avait prouvé que » je ne pourrais me montrer à découvert sans recevoir une » pluie de pommes cuites. »

X

(Suite de l'Ecole des Prétendants)

DIEUDONNÉ ET LES BONAPARTISTES

Nous avons déjà dit que le comte de Chambord n'avait pour les coups d'Etat qu'une aversion relative : fulminant contre eux s'ils se font contre son parti, empressé à les conseiller s'il en es-

(1) Lettre au marquis de Foresta, 26 juillet 1879.

père quelque chose. C'est ce que l'aventure du 16 Mai a prouvé.

Celui qui ne voulait ni se *soumettre* ni se *démettre*, et qui a fait les deux, avait alors pour ministre de l'intérieur M. Jules Simon, rempli d'une sereine condescendance à l'égard de toutes les ligues qui s'organisaient à ciel ouvert contre la République.

Dès mars 1877 circulait le manifeste de Dieudonné, daté de Goritz, dans lequel il faisait appel à tous les hommes de bonne volonté « pour préparer l'heure propice à son action directe et » personnelle.

» Avec leur concours, s'il plaît à Dieu, disait-il, la monarchie » ne laissera libre passage ni *aux aventures de l'Empire*, *ni aux* » *violences du radicalisme*, qui prélude au triomphe dont il se » croit assuré déjà en insultant tout ce qu'une nation est obli- » gée de respecter si elle veut qu'on la respecte : le clergé et la » magistrature, c'est-à-dire la religion et la justice ; l'armée, » cette vivante image du peuple et de son honneur.

» Puisque vous êtes venus jusqu'à moi, dites à votre retour » quelles sont les *fermes résolutions* que m'inspirent mon amour » pour la France et les dangers qui la menacent. »

Ces dernières paroles s'adressaient aux *bons citoyens* qui, enhardis par l'impunité des conspirateurs de 1873, allaient impunément conspirer à l'étranger contre la Constitution de leur pays, sans avoir, comme leurs devanciers, l'excuse du provisoire.

On put voir l'effet de l'étincelle partie de Goritz sur la traînée des mandements épiscopaux.

Bientôt ce ne fut plus un mystère pour personne que la fameuse horloge « qui doit sonner seulement l'heure de Dieu » ne demandait pas mieux que de voir avancer ses aiguilles sur celles de l'Elysée.

Tous les pèlerins habituels de Frohsdorff, Goritz etc., travaillèrent à l'unification horaire. S'ils sont revenus bredouille de l'Elysée, en fin de compte, c'est qu'ils étaient trop exigeants en demandant au héros de la marche sur Sedan de se proclamer lieutenant de Dieudonné. Ils obtinrent, en somme, certains avantages et des espérances.

Le marquis de Franclieu avait la dépêche de son maître en poche quand il fournit, avec son groupe, l'appoint des votes indispensables au cabinet pour la dissolution, puisque sur 279 votants, la majorité absolue étant de 140 voix, il ne la dépassa que de 9.

Exemple unique dans nos annales : un vote de cette importance et capable d'influer à ce point sur les destinées de la nation, sur la paix intérieure, sur la prospérité des affaires, tenait... à quoi? à un signe de tête d'un homme aux prétentions ridicules, vivant à l'étranger, ne remplissant dans son pays aucun des devoirs du citoyen, mais s'acquittant de tous les offices d'un fauteur de séditions.

Ensuite la proclamation (du 19 septembre 1877) au Corps électoral ne fut qu'un pastiche de celle de Goritz.

L'oracle avait dit : « J'attends l'heure propice à *mon* action *directe et personnelle*.. »

Le maréchal : « Je réclame des élections favorables à *ma* politique. Mon devoir grandirait avec le péril. »

De même que l'oracle affectait de ne voir que de la démagogie en France, le fameux avocat de Ribérac se refusait absolument à distinguer entre les élus du pays et les incendiaires de la Commune.

On se rappelle les touchantes effusions du premier moment entre légitimistes, orléanistes et bonapartistes.

Ce même marquis de Franclieu, célèbre par son appel « au dieu de miséricorde, » en avait donné le signal. Les bonapartistes feignaient d'oublier qu'il les avait menacés de les jeter à la voirie avec une fourche... (1); qu'il avait reçu, à ce propos, les compliments de son maître et que celui-ci était intervenu passionnément contre eux dans la plupart de leurs élections (2).

Tout le temps que vécut le prince impérial, cette animosité de M. de Chambord contre les bonapartistes ne se démentit pas. Il trahissait le pacte des siens avec Fourtou en patronnant (juillet 1877) la propagande d'une brochure intitulée : *La monarchie sauve garde de tous les intérêts* où on lisait : « Qu'on le » sache bien, le retour de cet enfant maladif qu'on appelle Na-

(1) Que m'importe, à moi, d'être nommé ou non aux prochaines élections? *L'essentiel pour nous, les royalistes*, est de rester sur la brèche, notre vrai drapeau à la main, pour que la France nous y retrouve lorsque le flot *révolutionnaire ou bonapartiste, c'est tout un*, aura passé sur nos têtes.

Ceux qui survivront alors, si Dieu nous condamne à subir encore une aussi terrible épreuve, verront si c'est avec des *fourches* ou des fleurs que la royauté sera acclamée, à moins qu'à côté des fleurs, les *fourches ne soient nécessaires pour charger et envoyer à la voirie les débris dont le sol sera couvert.*

J'ai l'honneur d'être votre très-humble serviteur.

Marquis de Franclieu.

Versailles, 17 janvier 1875.

(2) Notamment pour M. de Kerjégu contre M. le duc de Feltre (Côtes-du-Nord, 1875). Intervention d'autant plus remarquée que l'attachement de Dieudonné au Pape semblait indiquer qu'il aurait plus de ménagements pour l'héritier d'un ex-général en chef du corps d'occupation de Rome.

» poléon IV amènerait inévitablement une quatrième invasion.
» Cette famille néfaste, qui a conduit la France à deux doigts de
» sa perte, ne peut se maintenir au pouvoir qu'à la condition de
» lancer le pays dans de nouvelles aventures guerrières. Sous
» un Napoléon la sécurité est impossible pour cette raison. »

Le petit prince meurt, changement à vue. La fameuse fourche du marquis de Franclieu est mise au rancart et c'est d'une main royalement gantée (1) qu'on leur tend le placet suivant :

« J'aime à penser que le plus grand nombre des impériaux ne
» verront désormais de salut pour la France que dans la monar-
» chie légitime; je compte assez sur le patriotisme de ce parti,
» qui renferme tant d'hommes honorables et éclairés, pour es-
» pérer qu'il en sera ainsi. »

HENRY.

En d'autres termes :

« Par suite de spéculations malheureuses, la maison Bonaparte-Rouher-Fourtou et Cᵉ se voyant forcée de cesser ses opérations et son entreprise de *sauvetage*, ses honorables clients sont avertis que la maison Bourbon-d'Orléans-Pecci et Cᵉ est toute disposée à prendre la suite des affaires et qu'ils trouveront chez elle des sauveteurs de premier choix. »

XI

Dieudonné et les Ouvriers.

..... Auprès de ces classes laborienses, objet constant de mes préoccupations, auprès de ces chers ouvriers entourés de tant de flatteurs et de si peu d'amis vrais, vous pouvez, mieux que tout autre, me servir d'interprète.

J'entends toujours avec bonheur leur cri de foi et d'espérance. Qu'ils sachent bien que moi, je les aime trop pour les flatter et, pour tout dire en un mot, répétez-leur sans cesse qn'il faut, pour que la France soit sauvée, que Dieu y règne en maître pour que j'y puisse régner en roi.

Confiance, mon cher de Mun, n'oubliez jamais que l'avenir est aux hommes de foi et de courage.

HENRY.

(Lettre du comte de Chambord à M. de Mun, 20 novembre 1878.)

Voyons comme « le cher de Mun » s'est acquitté de ce mandat

(1) « Reproduction autographiée du *Gaulois* (29 septembre 1879).

d'interprète qu'il recevait dans une lettre remplie d'outrages à la République et comment il avait mérité ces compliments :

« La liberté, où donc est-elle? J'entends bien qu'on en parle de toutes parts, mais je ne vois que des gens qui la confisquent à leur profit ! Et si j'en cherche la trace dans ce qui vous touche le plus, dans ce qui vous tient le plus étroitement au cœur, dans cette grande question du travail qui résume toutes les autres et où vient aboutir, de nos jours, toute la lutte sociale, toute la lutte politique, si je cherche là la trace de la liberté, j'y découvre, plus que partout ailleurs, le mensonge révolutionnaire ! J'entends proclamer la liberté absolue du travail comme le principe de l'affranchissement du peuple, et je la vois qui, dans la pratique, aboutit à la servitude des travailleurs !

» L'ardeur des spéculations envahit tout : la lutte sans merci a pris place de l'émulation féconde ; la petite industrie est écrasée ; le travail professionnel tombe en drcadence ; les salaires s'avilissent ; le paupérisme s'étend comme une lèpre hideuse ; l'ouvrier exploité sent germer dans *son cœur le ferment d'une haine implacable : il n'a d'asile que dans la résistance et de recours que dans la guerre ; la coalition et la grève tiennent lieu d'organisation du travail !* »

Ce n'est pas aux congrès ouvriers de Lyon ou de Marseille que ces paroles ont été prononcées. Elles sont de l'*interprète* du doux Dieudonné dans sa visite en pèlerinage à Notre-Dame-de-Chartres (septembre 1878). Elles ont suggéré à tout le monde cette opinion que cela ne valait vraiment pas la peine d'interdire en France les réunions de l'*Internationale*, puisque l'*Œuvre des Cercles catholiques* la dépasse en violences.

Le manifeste de l'*Internationale*, qui a puissamment contribué à déterminer, en Prusse, le vote de la loi contre les socialistes, ne parlait pas un autre langage que celui dans lequel l'ex-cuirassier, trois fois invalidé, se fait le porte-voix de Dieudonné auprès des ouvriers, « *ses chers ouvriers* », sa plus tendre couvée, sa plus douce espérance.

« Considérez, — disait le manifeste allemand, — le travail » honorable sans pain, la richesse fainéante regorgeant de tout » dans la démoralisation, la brutalité gaspillant en un jour l'ar- » gent dont une famille pauvre se nourrirait toute l'année? Cela » doit-il durer éternellement ainsi ? » — Ces honteux appels à la guerre sociale sont calqués sur la harangue de Catilina conviant tous les bandits qu'il a ramassés à monter avec lui à l'assaut de l'ordre social et à bouleverser la République (1).

Ce cher M. de Mun est encore actuellement un de ceux sur

(1) Etenim quis mortalium, cui virile ingenium, tolerare potest illis divitias superare, quas profundant in exstruendo mari et montibus coæquandis ; nobis rem familiarem etiam ad necessaria deesse. Illos binas aut ampliùs domos continuare ; nobis larem familiarem nusquàm ullum esse.

(Salluste, Cat, XX..)

lesquels compte le plus M. de Chambord pour « faire en France une œuvre de *réparation et d'apaisement* » et pour « renouer les anneaux de la chaîne séculaire !... jusqu'à Simon de Montfort. »

Quel Tartuffe ce Dieudonné ! Il y a longtemps qu'on connaît son jeu. Il consiste à provoquer les crises du travail, à effrayer les capitalistes, à pousser aux barricades les prolétaires affamés et à réclamer ensuite contre eux les fusillades sommaires et les déportations en masse.

En juin 1848, après avoir déterminé l'émigration des riches, ses écrits assassins étaient répandus dans le peuple. Oyez comme ses victimes l'ont dévisagé (1) : « Ils répandaient l'argent pour » nous faire crier vive Henri V ! Ils nous disaient : « Sous la sau- » vegarde d'un prince vous aurez du travail et du pain, mais » sous la sauvegarde de la République vous mourrez de faim. » » Ils nous excitaient contre les riches, qui avaient eu la lâcheté » de quitter Paris, qui portaient leur or à la Sainte-Alliance, » tandis que nous portions tout dans les coffres de la patrie. » Henri V nous ferait pairs de France. Il me semble que si » j'avais su écrire et que j'eusse eu le bonheur de prétendre » parler au peuple, j'aurais tâché de le moraliser et de l'instruire, » au lieu de lui prêcher l'insurrection. Les coups de fusil ne » ramènent pas le travail. »

Il y a longtemps, comme on le voit, que Dieudonné daigne s'intéresser aux ouvriers. Parmi les publications de la même époque il y en a une dont il a fait les frais et dans laquelle il se faisait déjà décerner le titre de *premier socialiste de la France*, seul capable de fournir la solution de l'énigme sociale. « Il semble posséder en lui la réponse péremptoire à ce sphinx terrible qui menace de dévorer la France entière ; il attend que sa patrie l'appelle à dissiper avec elle ce fantôme affaibli des oripeaux de tous les siècles, en substituant la solution logique de la vérité aux sophismes contradictoires de l'utopie... Il est prêt à serrer sur son cœur une armée de malheureux égarés par l'infortune, aigris par un long abandon et poussés, à travers les désastres de leurs fureurs, vers le mirage trompeur d'un Eldorado chimérique... »

L'auteur découvre dans sa main « la perfection des formes » dans des proportions pleines de vigueur: l'épée de Charlemagne » y tiendrait à l'aise pour repousser l'invasion étrangère. » Passons sur la description de « l'extérieur majestueux, » de la

(1) « *Dénonciation d'un ex-détenu politique sur les vrais auteurs des troubles « de Juin* », par Louis Deschamps, condamné à la déportation par la cour d'assises d'Aix. Avignon, Peyri, 1848.

« tête magnifique », des « yeux d'un sentiment vraiment magique. (1)» — Plus tard feu Villemessant composait un article sur le « charme inoui de sa voix » et obtenait des remerciements « flatteurs». Ainsi, même ce genre de flagorneries est continuellement soigné et fait partie du système. On a renchéri. Certains articles du *Figaro*, signés prince de Valori, *chauffaient* naguère le débit des photographies pour « ces dames » ; pour bouquet de la Saint-Henry, le *Gaulois* lâcha le titre de « *premier savant de l'Europe, selon M. de Bismark*». Toutes ces platitudes ne suffisant pas, on est descendu aux vendeurs « d'épingles Chambord», qui les offrent pêle-mêle avec leurs immondices, agrémentées de fleurs de lis. Le sceptre, devenu marotte, fouille dans le tas comme un crochet de chiffonnier.

Voilà les seuls *ouvriers* vraiment *chers* à Dieudonné. Quant aux autres, Dieudonné ne leur a jamais adressé rien qui permette de découvrir pourquoi il se fait appeler « le premier socialiste » de notre temps. Le gouvernement impérial a eu l'ingénuité de faire mettre à l'*index* une *Lettre sur les ouvriers* (1865) qui contient des affirmations comme celle-ci : « La royauté a toujours été la patronne des classes ouvrières», et des programmes aussi neufs que transcendants : « Il est temps d'opposer à l'individualisme l'association, à la concurrence effrénée le contre-poids de la défense commune, au privilége industriel la constitution volontaire et réglée des corporations libres. » Et on a décerné de la célébrité à ce factum.

Lors de la plus épouvantable crise pour nos classes ouvrières, l'invasion, le siége de Paris, comment le bon apôtre s'est-il comporté ? Nous savons qu'il a conseillé de régler la question des loyers et des échéances par la mitraille... conseil suivi. — Plus de huit ans écoulés, ses « féaux » se retournèrent encore vers leur Diafoirus politique :

« Faut-il amnistier, papa ?

La réponse de l'oracle fut ambiguë :

« Le retour des amnistiés peut faire beaucoup de mal à la République, mais il peut être funeste à la bonne cause.

(1) Brochure in-18 intitulée : *le Défi*, portant sur la couverture la devise « Droit en avant et front découvert. » — Paris, Allouard et Kœpplin, 1850. (Bibl. nat. L. B., 55, n° 1588.)

XII

Les Monarchistes et l'Amnistie.

Fragment du discours de M. le sénateur Baragnon, au banquet de Chambord (29 septembre 1879) :

De quels douloureux spectacles n'avons-nous pas été témoins récemment ? Il y a quelques jours, dans nos ports du Midi, débarquaient des hommes que nous eussions accueillis avec commisération s'ils étaient revenus repentants en même temps que pardonnés. (Applaudissements). Plusieurs, je n'en doute pas, ont compris leur situation nouvelle. Mais qu'a-t-on fait de beaucoup d'entre eux? On a érigé leur retour en une sorte d'offensante revanche contre la magistrature qui les a condamnés, contre l'armée qui les a vaincus et même contre le gouvernement républicain, qui les a justement frappés. Ainsi, toutes nos grandes institutions sociales ont reçu une grave offense d'une mesure qui pouvait être salutaire si le véritable apaisement en fût résulté; mais le gouvernement actuel est placé dans de telles conditions que, malgré lui, il doit subir que les amnistiés soient transformés en martyrs. (Très-bien ! très-bien !) C'est ici qu'éclate l'invincible supériorité de la monarchie. Elle, elle seule, eût pu pardonner dès 1871 ; mais alors chaque chose fût demeurée à sa place ; le coupable pardonné eût gardé son véritable caractère et l'on n'aurait pas promené les amnistiés comme autant de drapeaux funèbres, rappelant, pour les glorifier, d'épouvantables souvenirs. (Bravos prolongés).

Le devoir du pardonné c'est le repentir. Il eût été plus facile, en face de cette autorité paternelle, de qui on l'aurait reçu comme une grâce, tandis qu'aujourd'hui, devant ceux qui reviennent en triomphateurs, on est *condamné à dormir*.

Voilà le langage commandé et imité à Frohsdorff. Celui qui en a félicité son auteur avait pourtant dit : « Un des premiers besoins » de la France, c'est l'union. La seule politique qui lui convienne » est une politique de conciliation, qui relie au lieu de séparer, » qui mette en oubli toutes les anciennes dissidences, qui fasse » appel à tous les dévouements, à tous les mérites, à tous les » nobles cœurs qui aiment leur patrie comme une mère, la veu- » lent grande, libre, heureuse et honorée (1). »

C'est là encore qu'on peut juger de la sincérité des déclarations de Dieudonné. Du reste, les récriminations dont M. Baragnon a donné — même trop tôt — le signal, sont instructives. Voilà bien ces faux libéraux qui ne veulent la liberté que pour en abuser contre leurs adversaires ! Ils feignent de s'indigner des « attaques contre la magistrature, contre l'armée, contre

(1) Correspondance de M. le comte de Chambord. Genève, 1880. 5e édition, revue par lui, p. 257.

toutes les grandes institutions sociales », et que font-ils, sinon d'en donner l'exemple par un système de dénigrement à outrance, d'agression continue contre les plus honnêtes et les plus hauts fonctionnaires de la République, et tout cela sous le couvert de sa magnanime tolérance?

Toujours prêts à appeler les rigueurs de la loi sur les ébullitions démagogiques — inévitables dans une démocratie — et à revendiquer, pour leurs propres incartades les plus séditieuses, la plus complète impunité!

En vérité, il sied bien à ceux qui étaient du complot monarchique de 73 et du complot du 16 Mai, *flétris,* pour ce dernier coup, par un vote solennel de la Chambre, de rappeler à l'humilité et au repentir ceux qui ont été pardonnés. Ils calomnient le gouvernement quand ils l'accusent de « *souffrir* que les amnistiés se transforment en martyrs et réclament une revanche ». Mais l'opinion les accuse justement, eux, de n'avoir pas désarmé et d'être des incorrigibles.

Ils n'ont pas voulu de l'amnistie. Bien. Mais l'histoire jugera.

Les insurgés de la Vendée et du Bocage, les chouans bretons, comme les insurgés de Paris en 1871, prétendaient avoir une foi politique. Les uns et les autres ont élu leurs chefs selon les principes de l'égalité, sans préjugé de classe, tenu des conseils de guerre, usurpé des fonctions civiles et militaires, méconnu l'autorité de la nation. Les uns et les autres ont fait des enrôlements forcés, des réquisitions de vivres, de munitions, d'argent, pillé des provisions de l'Etat, détruit des archives, allumé des incendies. Les uns et les autres n'ont pas reculé devant les plus terribles représailles de la guerre, entretenu la fureur de leurs bandes par des bulletins fallacieux, des inventions grossières, des promesses illusoires. Chez les uns comme chez les autres il s'est trouvé des officiers et des soldats de l'Etat déserteurs.

Leur crime, aux uns comme aux autres, fut de s'obstiner à la guerre civile tandis que l'étranger foulait le territoire de la patrie.

Voilà pour les ressemblances.

Mais tandis qu'en 1793 la guerre ne faisait que commencer avec l'ennemi, toutes nos frontières étant menacées à la fois, l'insurrection de 1871 n'éclata qu'après la paix signée. La Commune ne songea jamais à faire appel aux troupes étrangères. Vendéens et chouans, eux, commencèrent à offrir pied à terre aux Anglais dans le temps même que le général Houchard leur tenait tête dans le Nord et que Toulon leur était livré par des traîtres. La prise d'armes de la Vendée eut pour première cause le refus du service militaire. Les fédérés avaient pour principal grief que depuis six mois on les avait tenus sous les armes, harassés de fatigue et de privations, leurrés par toutes les bévues de Trochu.

Tout n'était pas absolument insensé ou chimérique dans les revendications du Paris exaspéré de février-mars 1871, puisque plus tard on leur fit droit en partie. Certaines aspirations raisonnables au progrès dans les institutions municipales et politiques s'y faisaient jour. Mais du côté de la Vendée rien que fanatisme rétrograde.

Tous les crimes de droit commun forcément connexes aux crimes politiques étaient remis aux insurgés sous *drapeau blanc* dès 1796. — Les insurgés sous drapeau rouge étaient tous châtiés après trois mois. Mais l'amnistie se fit attendre neuf ans. — Voilà pour les différences.

Bientôt cent ans auront passé sur la mémoire des Cathelineau, des Charette, des Stofflet et autres héros de la guerre des géants. Comment la postérité les a-t-elle jugés ? Qui oserait recommencer la tâche ingrate de la Restauration et essayer de les mettre au-dessus de Hoche, Kléber et Marceau, bien que ceux-ci aient été souvent vaincus par eux ? Les plus illustres de la Vendée ne soutiennent pas le parallèle avec ces modèles de vertu civique et militaire.

Mais pour ne parler que de l'intégrité du caractère, et talents à part, est-on bien sûr que l'histoire les mettra fort au-dessus des pygmées de 71 ? de Delescluze ou Rossel, par exemple. Ceux-ci s'obstinaient encore, leur cause perdue, à conduire des malheureux à la boucherie ; mais, tout grands coupables qu'ils fussent, ils ne se sont pas parjurés. Songeait-on seulement à leur acheter la paix ?

Ils n'ont pas juré fidélité à l'Assemblée de Versailles ni déposé les armes pour les reprendre ensuite avec plus de perfidie, comme Charette après le traité de la Jaunaye (17 février 1795), comme Stofflet après Saint-Florent.

C'est triste à dire, mais si nous descendons jusqu'aux plus sinistres figures de la Commune, ces écervelés parodistes de la Terreur ou des représailles vendéennes, force nous est de reconnaître que, s'ils jouèrent au proconsul féroce, il y a des infamies dont ils ne se sont pas souillés comme ceux du drapeau blanc. Rigault n'alla pas « manger la soupe » chez Chaudey avant de le faire assassiner, comme Charette, devenu *brigand* dans toute la force du terme, brûlait la cervelle à son hôte pour être plus sûr de n'être ni suivi ni trahi. L'énergie et la bravoure personnelle n'y font rien. On ne nous dit pas que Rossel ni Ferré soient morts en lâches. Devant leur peloton d'exécution, ils ont crié : Vive la République ! Charette devant le sien, et commandant le feu d'un air superbe, n'a plus crié : Vive le Roi ! Il méprisait trop ceux pour lesquels il s'était perdu. Ceux-là, admettant la justice de l'expiation, pensèrent du moins que peut-être leur supplice ne serait pas stérile pour la République. Charette, pour sa cause, n'avait plus d'espoir (1).

Aucun des revenants de la Commune, investi du mandat de législateur, n'a été le porte-voix des amnistiés pour faire hautement appel à l'insurrection.

Tandis qu'un député de la Vendée, agitant les vieux souvenirs des pires divisions, a courtisé le prétendant de ses rêves en lui adressant le langage d'un factieux, d'un mauvais citoyen.

Ainsi, on a pu constater que, chez des gens du peuple aigris par des souffrances récentes, le respect de la loi est encore plus fort que chez des gentilshommes attardés dans une rancune séculaire (2).

(1) V. les révélations curieuses de M. Villenave, avocat de Charette, devant le conseil de guerre de Nantes. (Note à ce nom, Biographie Michaud.)

(2) En novembre 1879, un banquet organisé en l'honneur des maires vendéens révoqués, à Challans, sous la présidence du général de Charette, M. Armand de Baudry d'Asson a lu une adresse au comte de Chambord dont voici la conclusion :

« Une protestation solennelle, monseigneur, s'imposait à nos consciences.

» L'hommage aux victimes de l'arbitraire républicain appelait l'hommage à l'auguste dépositaire, à l'invincible gardien des traditions et des libertés nationales.

» Aux héritiers de l'antique honneur français, aux fils des défenseurs héroïques de nos franchises, aux fils de l'indomptable fidélité vendéenne, nous avons dit : La République en est venue à l'arbitraire, c'est l'heure de pousser le cri de liberté du Marais et du Bocage.

» Les petits-fils des géants sont accourus.

» Entre l'orme séculaire de Fonteclose, à la cime duquel l'immortel Charette arbora, sous la Terreur, le drapeau de la foi et de l'honneur, et le glorieux champ des Mathes, où tomba l'héroïque La Rochejaquelin à la dernière prise d'armes de la Vendée, nous venons délibérément proclamer que les Vendéens resteront toujours dignes de leurs illustres ancêtres :

» Fidèles à Dieu, fidèles au roi. »

XIII

Dieudonné et le Syllabus.

On sait comme Voltaire s'est moqué des *penseurs* qui voulaient remettre « l'humanité à marcher à quatre pattes. » Il n'avait pas prévu les croyants qui veulent la faire marcher à quatre pattes à reculons, avec des bâtons croisés dans chaque main.

Il n'avait pas prévu les hommes d'Etat aux yeux desquels la science moderne et la politique doivent se réduire au *Catéchisme* (1) et à l'*Encyclique* (2).

Que traitait-on de retardataires ces députés du haut clergé aux États généraux de 89 qui vinrent réclamer l'interdiction des droits civils et surtout du mariage pour les protestants? Leur libéralisme devançait encore de près de cent ans celui dont on fait preuve aujourd'hui dans le camp ultramontain et légitimiste. Ces dignes prélats s'acquittaient en conscience d'une motion qu'ils savaient devoir être repoussée par le tiers état, par la majo-

(1) Lettre signée H. de Vansay et adressée par le comte de Chambord à l'auteur d'un *Catéchisme politique*.

« On ne saurait trouver un titre plus heureux que celui-là. Oui, c'est bien » sur les bancs du *catéchisme* qu'il faudrait envoyer tous les hommes d'Etat » non-seulement de la France, mais de l'Europe. » (*France nouvelle*, 22 septembre 1875.)

(2) L'*Unità catholica* a réuni en une sorte de tableau les propositions principales de l'Encyclique, afin de les graver plus facilement dans l'esprit.

Voici ce tableau, qu'il n'est pas inutile de mettre sous les yeux de nos lecteurs :

EGLISE ET ETAT

Liberté de l'Eglise catholique.

L'Eglise placée dans les conditions nécessaires pour déployer l'influence de ses bienfaits.

L'Eglise maîtresse des gouvernements et des peuples parce qu'elle est le *fondement de la vérité*.

Alliance de l'Eglise et de l'Etat.

Autorité des pontifes romains.

Jésus-Christ dans les écoles publiques.

ROIS ET PEUPLES

L'autorité publique vient de Dieu et non pas des multitudes.

Le droit nouveau est une frénésie.

Les principes de 89 sont trompeurs.

Le roi est responsable devant le Juge suprême.

La révolution est toujours illicite.

Obligation d'obéir aux lois justes.

Dans les lois injustes, obéir à Dieu plutôt qu'aux hommes.

rité du clergé, qui restait attachée aux libertés de l'Église gallicane, par la majorité de la noblesse janséniste ou athée. Tous les Français alors disputaient de tolérance et cette idée de tolérance devait être menée si loin par la Constituante qu'elle lui sacrifierait la Réforme, c'est-à-dire le génie générateur de la Révolution.

Nous avons vu le chef de file des monarchistes actuels, « *l'homme des temps présents*, » comme il se qualifie, celui qui repoussa même le pacte de la Constituante avec le roi, pacte symbolisé par l'adoption du drapeau tricolore, donner de retentissantes embrassades à son « cher de Mun ; » qui prêche la croisade à l'intérieur et ne connaît pas de Français en dehors des cercles catholiques (1).

C'est en vertu du Syllabus, en recrutant le plus possible des apôtres du dieu de paix et en usant de tous les moyens d'une propagande effrénée absolument tolérée, que Dieudonné s'est donné la tâche, depuis plusieurs années, de pousser les esprits à la révolte contre les lois existantes, « parce qu'on ne peut exiger des consciences d'impossibles soumissions. »

En 1878, M. de Marcère étant ministre de l'intérieur (le même homme qui a fait mettre un train spécial à la disposition de don Carlos pour le ramener d'Irun à Paris) le comte de Chambord organisait librement une ligue de journaux royalistes et de comités provinciaux, ramifications d'un comité central dirigeant à Paris.

Voici un échantillon des manifestes belliqueux qui étaient répondus à profusion :

> La Révolution, poursuivant son idéal *d'Etat sans Dieu*, c'est-à-dire contre Dieu, a inscrit sur ses listes de proscription l'humble éducateur des enfants du peuple et l'admirable fille de la charité ; c'est l'heure où l'indifférence et l'inaction seraient pour tout homme de cœur *une honte et une trahison.*

Cette calomnie est devenue le mot d'ordre pour toutes les feuilles qui font profession « d'être catholiques avec le Pape, royalistes avec le roi » (termes textuels du programme du syndicat spécial des journaux de province fondé en 1874).

Le comte de Chambord correspondait ouvertement avec ses administrés, sous forme de circulaires comme celle-ci :

(1) Le 27 janvier 1877, M. de Mun demandait à l'archevêque de Toulouse de bénir l'assistance, comme jadis l'évêque Foulques bénissait les soldats de simon de Montfort.

Dans la séance de clôture du congrès des cercles catholiques d'ouvriers (Paris, 4 juin 1878), le même fervent s'écriait : « La seule France, la vraie France est la France des cercles catholiques d'ouvriers; l'autre, qui ne pense pas comme ces cercles, ne mérite pas ce beau nom. »

Paris, 7 décembre 1878.

Monsieur,

M. le comte de Chambord a constaté, monsieur, avec une vive satisfaction la respectueuse et complète adhésion donnée par toute la presse royaliste de province, et en particulier par le journal placé sous votre direction, à l'exposé des doctrines contenues dans sa lettre à M. A. de Mun. Monseigneur n'a pas été moins touché de la fermeté et du talent avec lesquels cette même presse a voulu et su défendre la manifestation de sa pensée contre d'indignes et calomnieuses attaques.

Aussi est-ce sur un ordre spécial que je viens aujourd'hui, monsieur, vous transmettre à cette occasion, avec les félicitations de Monseigneur, ses remercîments.

Recevez, monsieur, l'expression de mes sentiments très-distingués.

Dreux-Brézé.

Comme d'habitude, c'est le calomniateur qui criait à la calomnie.

Comme d'habitude, Dieudonné n'était ni sincère, ni conséquent avec lui-même, car il a eu ses heures où, rougissant de bafouer la politique traditionnelle de ses plus glorieux ancêtres, et, par exemple, celle du roi qui voulut la *déclaration du clergé* en 1682, il disait :

« On repousse, non sans raison, l'immixtion de l'Église dans » la politique ; on veut que le clergé se renferme dans ses saintes » fonctions, sans se mêler aux choses du dehors. » (Lettre au vicomte de Saint-Priest, 9 décembre 1866.)

C'était sous l'Empire. On sait si la part n'était pas largement faite alors à l'esprit clérical.

Et dès cette époque, cependant, cet alarmiste à outrance se plaignait déjà, à propos de la question romaine, que l'on « *voulût faire disparaître de nos lois et de nos tribunaux l'idée de Dieu.* » (*Ibidem*). Ainsi, ce n'est pas contre la République seulement, c'est contre n'importe quelle forme de gouvernement en dehors de lui que le prétendant a employé les mêmes hyperboles et remoulu sa turlutaine. Jamais il n'a eu les coudées franches autant que sous la République. D'accord, et rien n'honore autant le régime actuel. A une condition, cependant ; c'est que l'on ne soit pas amené sans cesse, par l'excès des manifestations séditieuses, à laisser les lois à l'état de lettre morte, parce qu'il répugne de sévir contre les instruments quand le principal instigateur reste insaisissable et indemne.

Depuis 1878, nous avons vu des prélats s'inspirer de tels manifestes pour stigmatiser, dans leurs mandements, « l'impiété » de nos gouvernants et pour jeter à l'autorité, au Concordat, à la société civile, les plus éclatants défis.

Des fonctionnaires s'en sont prévalus pour donner leur démission par lettres rendues publiques dans lesquelles ils se flattaient impudemment de suivre un devoir tout tracé (1).

Des magistrats, donnant l'exemple du mépris de la loi, se sont fait déférer disciplinairement devant la cour de cassation. On sait combien de maires, d'officiers de l'armée territoriale, etc., se sont mêlés à des manifestations de factieux. Les télégraphes, propriété de l'Etat, n'ont pas cessé, depuis quelques années, de porter complaisamment à tous les coins du pays les exhortations de celui qui se fait fort de rétablir en France le principe d'autorité, d'être le grand pontife de la religion du respect.

Pour ces débauches, il y a des époques spéciales : des pèlerinages pour lesquels la religion n'est qu'un prétexte grossier, des banquets, des anniversaires. Celui qui n'oserait pas appro-

(1) En voici des exemples :

Monsieur le ministre,

La lettre de M. le comte de Chambord, aussi haute de sagesse que sublime de pensées chrétiennes et de sentiments français. trace nettement aux bons citoyens les seules voies à suivre. Elle leur impose l'obligation de répudier ouvertement tout ce qui se fait aujourd'hui d'injuste, de violent et de tyrannique contre les soutiens des grands principes religieux et sociaux.

Les fonctionnaires les plus attachés à leurs devoirs se trouvant réduits à l'impuissance de combattre le mal et de faire le bien, je viens vous donner ma démission.

J'ai l'honneur d'être, etc.

L. DE RICHARD, baron D'ADNOUR,
Ex-conseiller de préfecture du Morbihan.

Vannes, 29 novembre 1878.

Monsieur le ministre,

Les décrets du 23 mars frappent illégalement et arbitrairement des citoyens français dans leurs droits et dans leur liberté ; ils enlèvent aux pères de famille leur droit primordial de choisir les instituteurs et les maîtres de leurs enfants ; ils font aux établissements universitaires la gratuite injure de supposer qu'ils ne peuvent lutter avec succès contre les établissements libres, et ils suppriment la concurrence et l'émulation dans l'enseignement, ces sources fécondes de progrès ; ils ressuscitent contre les catholiques des lois tombées en dessuétude ou formellement abrogées par l'art. 82 de la loi du 15 mars 1850 ; ils inaugurent enfin une nouvelle période de persécution religieuse.

Catholique, royaliste dévoué à la liberté, tout en respectant les lois de mon pays, je réprouve l'illégalité et l'arbitraire, préludes de la violence, et, sans craindre les conséquences finales de cette guerre contre Dieu, j'attends, avec une inébranlable confiance, après les faiblesses et les abaissements du temps présent, l'heure où la France désabusée retrouvera la paix, la grandeur et la prospérité, et je demeure fidèle à Dieu, au roi et à la liberté.

Veuillez agréer, monsieur le ministre, l'expression des sentiments avec lesquels j'ai l'honneur, après vingt-trois ans de service, de vous adresser ma démission de conseiller de préfecture des Côtes-du-Nord.

F. DU BREIL DE PONTBRIAND.

Saint-Brieuc, 2 avril 1880.

cher senlement à cent lieues de ces réunions grotesques ne manque pas de télégraphier qu'il est là, « au milieu ».

Gmunden, 29 septembre.

Comte Alexandre de Monti, Sainte-Anne-d'Auray (Morbihan), France.

Que les milliers de pèlerins réunis à Sainte-Anne-d'Auray sachent bien que le roi est au milieu d'eux par la pensée et par le cœur. Il les remercie avec effusion de leurs vœux, de leur zèle, de leur persévérance ; il recommande à tous union et concorde ; il s'unit à leurs prières pour que Dieu rende à la France, avec sa vieille monarchie, au dedans la prospérité et le bonheur, au dehors le respect du monde.

Signé : Comte de Blacas.

Les fameuses *journées des fourchettes* ou de la Saint-Henri où l'on se compte et où l'on voit avec douleur que les rangs s'éclaircissent tous les ans, ne sont que des prétextes à fanfaronnades ridicules. Cependant elles ont servi déjà plusieurs fois à amener des rixes. Enfin le parti des honnêtes gens, ainsi nommé parce que, s'il est rodomont, il ne descend jamais dans la rue, y est descendu lors de l'application des décrets du 29 mars, avec ensemble, avec mise en scène bien arrêtée d'avance. Et qui a donné le signal de la piteuse comédie? Le petit-fils du roi qui a très-formellement et légalement mis les jésuites à la porte (1), Dieudonné, serre précieusement sur son cœur « le drapeau que son vénérable aïeul a emporté dans l'exil, dans les plis duquel il est mort », mais il charge sa mémoire de toutes les imprécations qu'il adresse à d'autres.

XIV

Dieudonné et la loi.

« Nous sommes d'honnêtes gens. Nous conspirons à ciel ouvert, donc nous ne conspirons pas. Nous entendons bien profiter de toute la liberté que vous nous laissez et que nous ne vous

(1) La presse à la dévotion du prétendant n'a pas manqué de publier, à la date du 11 juillet 1880, la lettre écrite sous prétexte de condoléances à M. le vicomte René de Calonne :

« Dieu, après avoir demandé coup sur coup à son fidèle serviteur, consumant sa vie dans la défense de l'Eglise, de la société et de la monarchie traditionnelle, les plus terribles sacrifices, n'a pas voulu lui imposer une suprême douleur. Il l'a retiré de ce monde avant l'execution de *ces décrets détestables, audacieux défi porté aux droits sacrés de la vérité et de la conscience, et qui, en nous ramenant aux plus mauvais jours de la persécution religieuse, eussent été pour son âme si catholique et si française la source de souffrances si amères.*

avons jamais octroyée quand nous étions au pouvoir, pour vous battre en brèche. Et nous irons jusqu'au bout. »

Il faut convenir que cette pleine liberté laissée à un parti militant contre la constitution que le pays s'est donnée, a servi à démontrer son impuissance. Ses plus grosses incartades ont échoué dans le ridicule ; ses souscriptions les plus hardies ont raté. Il est mort, il le sait et rien ne peut le galvaniser.

Il n'en est pas moins vrai qu'il s'est constitué, par ses agissements, un parti émigré à l'intérieur, sans profit pour lui-même et aux dépens des forces vives de la nation, au relèvement de laquelle ses inutiles tracasseries ne peuvent pas contribuer.

Il est même évident pour tous qu'il cherche par tous les moyens à entraver ce relèvement.

Cette situation sans dignité pour lui, sans patriotisme, sans avenir, peut-elle et doit-elle se prolonger ? Nous faisons appel à tous les hommes sincères que des préjugés de naissance ou des entraînements d'éducation maintiennent dans ce parti, et nous leur disons : Il n'est pas une seule de vos illusions, un seul de vos dogmes, une seule de vos aspirations que le temps n'ait emportés dans sa course. Combattez-nous sur le terrain constitutionnel, ainsi que plusieurs de vos « résignés » en ont pris l'engagement, mais cessez d'être dans l'État une faction que la France ne comprend plus. Ne comptez pas abusivement sur la clémence de la République, parce que les institutions républicaines marchent, ont un développement normal et que vous vous posez en face d'elles comme un défi permanent.

Le passé ne veut pas s'en aller. Il revient
Sans cesse sur ses pas, reveut, reprend, retient,
Use à tout ressaisir ses ongles noirs, fait rage ;
Il gonfle son vieux flot, souffle son vieil orage,
Vomit sa vieille nuit, crie : A bas ! crie : A mort !
Pleure, tonne, tempête, éclate, hurle, mord.
L'avenir souriant lui dit : « Passe, bonhomme ! »

(V. Hugo, *Contemplations*, 1856.)

Rien n'attire le mépris comme la méconnaissance de la générosité. Or, dites-vous bien que, jusqu'à présent, la balance n'a pas été tenue égale entre vous et les autres adversaires du gouvernement. Vous avez bénéficié du renom de votre impuissance et c'est humiliant.

Plus d'une fois la justice en a murmuré ; mais, tout compte fait, elle ne vous a encore donné que des avertissements (1).

(1) « Il faut défendre nos institutions à la fois contre certaines attaques » qui dépassent le domaine inviolable des regrets et des espérances, et

Vous triomphez de ce qu'ayant ouvertement conspiré à plusieurs reprises pour amener une révolution, vous avez eu le mérite de reculer avant l'effusion du sang. — Est-il si beau de continuer la jactance sans l'action? « Ecoute, je suis prêt » deviendra synonyme d' « écoute s'il pleut ».

Monarchistes du drapeau blanc, votre idole ne mérite, ni par l'élévation du caractère, ni par l'esprit politique, ni par la constance dans les déclarations, ni par l'énergie (sauf celle de l'écritoire), votre inféodation à sa personne.

Monarchistes constitutionnels, en vous mettant à sa remorque, en reniant Juillet, en souscrivant à l'hommage de votre chef de file au représentant de l'absolutisme, vous vous êtes suicidés.

Les uns et les autres méditez cette parole de Guizot : « La » tentative de changer le gouvernement établi, n'entraînât-elle » aucun crime privé, peut réunir au plus haut degré les carac- » tères généraux du crime : l'immoralité dans l'acte même et » la perversité de l'intention. » (*De la peine de mort en matière politique.*)

De la part de tous les monarchistes, quel que soit leur drapeau, la prétention de faire revenir le pays sur ce qu'il a définitivement jugé est tellement chimérique et leur minorité est tellement évidente que tout nouveau mandat donné à un de ces adversaires de la loi constitutionnelle est un mandat perdu pour le contrôle éclairé des affaires, un obstacle au relèvement de la nation.

La loi du 8 juin 1871, en ce qu'elle a aboli celle de 1832, est à réviser, parce qu'elle a remis dans le nombre des citoyens un prétendant qui ne veut pas être citoyen, et de qui les communications et les brigues ne reprendront, paraît-il, aux yeux du plus grand nombre, leur caractère vraiment criminel et abusif, que quand on les aura frappées d'interdit. Lanjuinais a dit : « Que parle-t-on d'ostracisme ? Il est applicable à toute espèce d'indi-

» contre les efforts de ceux qui, ennemis déclarés des sociétés, s'acharnent » à renverser tous les gouvernements, quand ils ne parviennent pas à les » déshonorer. » (Discours d'installation de M. le procureur général près la » cour d'appel, 27 février 1879.)

Lettre de M. Le Royer, garde-des-sceaux, à M. le procureur général.

« Des manifestations factieuses, des provocations au renversement du » pouvoir légal se produisent dans des réunions, dans des discours et par » des publications de toute espèce. De pareilles pratiques, si elles étaient » tolérées, ne tarderaient pas à porter atteinte à l'autorité des lois, à in- » quiéter les populations et à compromettre les intérêts du pays. En con- » séquence, je vous prie de déférer aux tribunaux tous les discours, écrits » ou actes qui vous paraîtraient contraires aux lois et susceptibles de ré- » pression. » (15 octobre 1879. après les manifestations de la Sa int-Henri).

vidus. Au contraire, contre un prétendant, on vous propose une mesure de sûreté générale qui ne peut avoir lieu que dans la circonstance unique où un État monarchique se change en un État républicain. une *mesure qui ne peut se répéter*, le complément essentiel du décret qui a changé la monarchie en République ! »

Et H. Larivière : « Il n'y a, dit-on, ni crime, ni délit. Je réponds, avec Montesquieu, qu' « il ne faut point décider par les règles du droit civil quand il s'agit de décider par les règles du droit politique. Les droits des nations ne se règlent pas par les mêmes maximes que ceux des particuliers. Il s'agit de nous préserver de la peste royale. »

On a beau dire, les manifestes d'un prétendant ne sont jamais innocents.

Pour lui, comme pour ses amis, « conspirer c'est vivre », selon l'édifiant aveu d'un de nos législateurs inamovibles qui fut presque un des gardes-des-sceaux de la République (1).

Est-ce que réellement on oserait soutenir que celui à qui on a rouvert les portes de la France, (si toutefois la France a encore des portes) et rendu ses droits de citoyen, s'est toujours tenu prudemment sur la lisière du Code pénal ?

La proclamation aux mobiles Bretons, que nous avons rapportée, rapprochée de l'art. 77, suffirait pour établir le contraire.

XV

Sous la loi ou hors la loi.

Henry-Dieudonné, comte de Chambord, qui se gardera bien de rentrer en France, mais qui est redevenu citoyen Français par l'effet du vote du 8 juin 1871, continuant à transgresser toutes les lois et à se montrer le plus rebelle des Français, ne devra pas se plaindre si, à ses bravades exceptionnelles, on songe à lui

(1) Discours de Chambord, 29 septembre 1879 : « Pourquoi donc le bonheur de la France est-il lié au rétablissement de la monarchie, de cette monarchie qui a fait l'unité du sol et celle de la nation, l'unité physique et l'unité morale du pays ? Elle nous manque et nous en souffrons, et à ce propos *qu'on ne nous accuse pas d'être des factieux*. On a dit beaucoup de choses sur le banquet de Chambord : on a parlé de conciliabules secrets, de plans qui seraient préparés ici contre les lois. (Rires.)

» Notre ambition est tout autre et plus grande.

» *Nous ne conspirons pas, nous vivons*. (Applaudissements répétés.)

» *Nous entendons que le pays le sache*, et c'est devant lui que nous proclamons hautement ce que nous voulons. (Nouveaux applaudissements.) »

appliquer de nouveau un régime d'exception. Contre des revendications chimériques le mépris suffirait, s'il ne s'y mêlait pas un dénigrement incessant de nos institutions, un parti-pris de servir de prétexte à des manifestations séditieuses, d'être le centre d'une fronde de salons, le pilier des superstitions et l'espérance de quelques prélats, contempteurs de nos lois.

Si le silence est la leçon des rois il est aussi la dignité de l'exil. Depuis dix ans la France a fait l'épreuve du peu de délicatesse de ce prétendant, envers lequel elle s'est montrée généreuse. Il n'y a qu'un moyen d'en finir avec les tracasseries de ses dupes, c'est de manifester pour tous le caractère criminel d'un échange de manifestes entre elles et lui.

« Mais cette rigueur, dit-on, ne se justifierait que par une tentative *réelle* du prétendant, un mouvement dont il donnerait le signal.

« Et vous savez bien que jamais il ne montera à cheval. Pour lui, les troubles qu'il suscite, les perfides influences qu'il met en action ne sont que *jeux de prince*. Et le mépris général en a fait justice. »

Pour être conséquent avec soi-même il faudrait ne jamais sévir contre ceux que ces jeux de prince ont jetés dans des égarements délictueux, et commencer par effacer du frontispice de notre droit public :

« Tous les Français sont égaux devant la loi. »

L'Angleterre qui a le bonheur depuis longtemps d'être débarrassée de tous les prétendants, n'est entrée sûrement dans la voie du développement des libertés publiques que le jour où elle a édicté des rigueurs, — qui ne sont plus de notre temps, car elles étaient excessives, — contre tous les *jacobites* qui entretenaient publiquement correspondance avec le prétendant et pèlerinaient près de sa personne. Un de ceux qui protestaient contre de telles mesures, s'étant avisé de dire un jour au Parlement qu'elles allaient contre leur but et que, sans elles, les Stuarts compromettraient moins la paix publique, ce paradoxe obtint un succès d'hilarité, et un orateur *of practical sense*, dit Hume, lui répondit :

« La conséquence de votre beau discours serait que, pour éloigner son ennemi, il n'y a pas de moyen plus efficace que d'abaisser devant lui toutes les barrières et de lui ouvrir tous les passages. »

Avec l'Angleterre, les seules autres puissances qui aient été, dans ce siècle, en voie CONTINUE d'agrandissement territorial et de progrès politique, sans rebrousser chemin ou sans piétiner sur place, comme nous avons fait à des intervalles périodiques, ce sont les Etats-Unis, pays où la peste des prétendants de droit divin est inconnue, et ceux des Etats européens dans lesquels la famille régnante n'a pas de rivale à redouter. Partout où cette peste a sévi, les peuples n'ont connu le repos qu'en frappant d'un exil irrévocable les prétendants dynastiques, comme :

En Suède, les Wasa, en 1809 ;

En Espagne, les Bourbons compétiteurs, d'abord en 1833, ensuite en 1878 ;

En Italie, les Bourbons de Naples, les ducs de Parme, de Toscane, etc., en 1859-1861 ;

En Prusse (1866), la maison de Hanovre.

Et, quand quelques-unes de ces lois ont paru injustes, c'est uniquement dans le cas où elles étaient dictées par la force toute seule, au lieu de l'être par la justice populaire.

Chez nous, les débats sur la loi de 1832 se sont déroulés avec une ampleur et une sagesse auprès desquelles la précipitation de l'Assemblée de 1871 est honteuse.

Il n'y eut pas de sanction pénale édictée dans la loi de 1832 parce que, — dit Portalis, — « le jugement du peuple est sans appel et personne ne peut l'infirmer ».

M. Teste l'appelait une loi de *conservation*, de sage garantie pour l'avenir. M. Auguis et M. Eusèbe Salverte devinaient exactement toutes les manœuvres auxquelles s'est livré depuis cinquante ans le prétendant, « la combinaison la plus suivie pour » semer partout des traînées de poudre inflammable », quand même, disaient-ils, « il aurait l'habileté d'éviter des actes, qui « le placeraient directement sous la loi pénale. »

A tous les sophismes de la *générosité* du peuple français, de la force que la liberté puise en elle-même, de l'impopularité de l'ancien régime etc. (discours de M. Bricqueville), M. Eusèbe Salverte a répondu d'une manière qui paraît vraiment prophétique, quand on songe qu'en 1848 le peuple s'est montré généreux, mais imprudent, à l'égard de Louis-Napoléon et que la troisième République est si mal payée de sa générosité à l'égard de Dieudonné.

Les adversaires d'une proposition d'abroger la loi du 8 juin 1871 auront beau jeu dans leurs variations sur le même thème ! Il leur siéra bien, quand ils ont obstinément refusé l'amnistie même partielle, d'invoquer cet argument de la générosité nationale ! Insensibles aux douleurs et aux misères de milliers de familles, ils auront bonne grâce à vouloir détourner de la tête de leur prince, bien résolu à ne jamais remettre le pied en France, un arrêt qui le retranche du nombre des citoyens.

Rigueur inutile, si ce n'était pas une mesure de haute moralité politique.

Sans doute la comédie n'ira pas jusqu'à vouloir nous apitoyer sur le préjudice qui serait causé au prétendant (héritier, entre autres, de l'immense fortune des ducs de Modène), par « *l'interdiction de posséder en France meubles ou immeubles.* » — Mais elle ira, soyez-en sûrs, jusqu'à nous représenter un « cœur de père » saignant à la pensée d'être réduit à se cacher pour correspondre avec « ses chers ouvriers, ceux du Sénat et les autres », pour distribuer ses félicitations aux factieux.

Allons au devant du principal argument :

Que des États monarchiques, dira-t-on, adoptent ce système, qu'une famille régnante exile sa devancière, c'est ce que l'intérêt dynastique a toujours commandé, c'est ce qui s'est toujours fait avec plus ou moins d'iniquité.

Mais justement une république doit rompre avec ces errements habituels des monarchies, elle se blesse elle-même en maniant l'arme de l'exil, parce que, si elle est la liberté, elle est aussi la tolérance et c'est à l'ampleur de celle-ci qu'on mesure sa force.

Magnifique théorie, mais qui n'empêche pas de fermer les jésuitières, d'expulser don Carlos, de verser dans les régiments les Saints-Cyriens manifestants, de révoquer les maires ou les membres du Parquet qui se posent en factieux etc., etc. Le système de tolérance absolue et abusive est donc entamé et nous ne songeons guère à reprocher à nos gouvernants de gouverner.

Ils sont responsables de l'ordre public.

C'est donc se faire volontairement illusion que de répugner à prendre une mesure d'intolérance qui doit avoir uniquement pour effet, dans notre pensée, de restreindre le cercle des délits de même espèce contre lesquels on sera encore obligé de sévir.

Dieudonné s'est placé lui-même hors la loi. Qu'il y reste, mais que ce soit évident pour tous. A ses prétentions exceptionnelles, y compris celle de demeurer un fauteur de troubles impuni, opposons un régime d'exception.

« Il y a, dit Montesquieu, dans les Etats où l'on fait le plus de » cas de la liberté, des lois qui la veulent contre un seul pour la » garder à tous ! (1) »

A qui cette réflexion s'applique-t-elle mieux qu'à ces obstinés mainteneurs de *jeux de princes*, affranchis de tous scrupules,

(1) Esprit des Lois, l. XII, ch. 19.

ennemis de mauvaise foi, et vis-à-vis desquels tous les ménagements risquent de passer, aux yeux des faibles d'esprit, pour je ne sais quel vestige de respect selon l'ancienne servitude?

Enfin, dans une république, l'intérêt de l'Etat est tellement différent de celui d'un chef de dynastie, espoir des partis acharnés, que, dût-elle manquer de motifs pour l'exiler et le frapper d'interdit, une telle mesure serait encore de droit naturel et de droit strict.

Faustin-Hélie en convient pour les monarchies : « Il n'y a » pas, dit-il, que les actions mauvaises qui fassent courir des » dangers aux États. Dans tous les pays il peut naître des cir- » constances où la Constitution est, à tort ou à raison, » considérée comme mise en péril par la situation » exceptionnelle de certains hommes ou de certaines » familles. Est-il juste, dans ces cas, malgré l'absence de tout » fait criminel, de tout délit caractérisé, d'exclure de l'État ces » familles en les frappant d'un exil, soit perpétuel, soit tempo- » raire? — Les Bourbons et les Bonaparte ayant régné succes- » sivement sur la France, ne pouvaient sans un danger capital » pour la tranquillité publique tolérer sur le même sol, à côté » d'eux, la présence de la dynastie rivale qui maintenait ses » prétentions. Il a semblé naturel que le législateur qui établit » une dynastie ait le droit d'exiler la dynastie déchue. Si la » déchéance est légitime, l'*exil* l'est aussi. »

L'argument de M. Faustin-Hélie s'applique *à fortiori* à la République. Si le prince impérial n'était pas mort, le décret de Bordeaux serait-il rapporté?

Il nous sera permis d'en douter.

Le savant criminaliste que nous avons cité prétend-il légitimer par cette argumentation l'application de la peine du *bannissement* par un parti à un autre? Pas le moins du monde.

« Dans une république, dit-il, l'exil des adversaires est une » question bien autrement délicate. Il ne s'agit plus de trois, » quatre, cinq ou six citoyens mais de milliers et de centaines de » mille, souvent même des chefs de la majorité réelle, car *les » minorités violentes ont montré qu'elles pouvaient s'emparer du » pouvoir*.

» Dans ce cas ce n'est plus l'intérêt général qui est en jeu » mais celui d'un parti, c'est d'un *intérêt privé* et non du salut » du pays qu'il s'agit. Comment alors justifier l'exil? Il faut » reconnaître qu'il y a des circonstances où la passion parle » plus haut que le droit. »

Un dernier mot. De généreux puritains, trouvent mauvaise la

loi de 1832, mais ils conviennent que son abrogation, le 8 juin 1871, a créé une situation qui fait boîter la légalité. Aussi ne demandons-nous pas, purement et simplement, qu'on rétablisse la loi de 1832, mais une meilleure, qui s'inspire à la fois du même esprit et des circonstances toutes différentes.

Il n'y a pas d'ailleurs d'équivoque possible, à propos des princes d'Orléans, dont nous avons à peine prononcé le nom. Ils sonl eux, sous la loi, mais même à leur égard, l'avertissement peut ne pas être inutile. *Proximus ardet.*

TABLE

Paris. — Imp. Balitout, Questroy et Cᵉ, 7, rue Baillif.

www.ingramcontent.com/pod-product-compliance
Lightning Source LLC
LaVergne TN
LVHW010041230826
846091LV00005B/1814

* 9 7 8 2 0 1 1 7 6 4 8 1 2 *